幸運を呼ぶ「気」の超パワー

人生の扉を開く究極の秘密

早島妙瑞

Hayashima

日本文芸社

はじめに

ようこそ、「気」の世界へ。

これから私は、本書を通じて、読者のみなさまに「元気」な「気」を贈りたいと存じます。

あなたは、書名の「気」の文字に「気」をそそられて、この本を手に取り、そして読んでみようかなあ、という「気持ち」になられたのではないでしょうか。

そのように強く引きつけて、行動に踏み切らせたもの、それこそが「気のパワー」にほかならないのです。

中国五千年の思想を貫くキーワードといえば、「道」（タオ）が頭に浮かぶ方が多いことでしょう。「気」はその「道」と並んで、今、世界で大きな注目を浴びている、とても古くて、そしてとても新しい存在です。

「気」はまた、私たちにおなじみの、「漢方」に代表される東洋医学の根幹をもなしています。

それは古来、日本人の生き方、考え方、ものの見方にも、限りなく大きな影響をもたらしてきました。

あなたは、なにげ（何気）なく、こんな言葉を口にされていませんか。

「ここは気分がいいわ」とか、「おかげで、気が楽になりました」とか、「どうぞ、お気をつけて」とか、「いやあ、気に入ったよ」などです。

これらは私たちが、毎日の生活のなかでよく使っている表現です。

そのように「気」は、日本人の人生とぴったりくっついて、「気性」や「気質」までも形づくってきたのです。

こうして「気宇壮大」な人をはじめとして、「気骨」ある人や、「気概」のある人、そして「気丈」な人、「気迫」に満ちた人、「気力」の溢れた人、さらにまた「気品」のある人たちが登場してきました。「気」に彩られて、ほんとうにたくさんの人物が、日本の歴史の中で燦然と輝きを放ってきたのです。

「気韻生動」という言葉をあなたは目にされたことがあると思います。とても格調高い言葉ですね。この言葉のように、「気高い」、しかも「生気」に満ちて躍動する、素晴らしい絵画や文学などの芸術作品も、次々と生まれてきました。

また最近は「気功」などによって、「気」の力が現実に存在するということが科学的に証明され、世界的に認められるようになりました。

この「気」とは、目で見ることもできず、耳で聞くこともできず、手でつかむこともできない、透明なものですが、私たちがそれを正しく理解し、そして活用することができれば、私たちの心と体を実際に健康にして、幸運な人生に導いてくれます。ところが、「気」を無視して、「気」を損なったり、「気」の流れを歪めたりすると、その逆に、自らを不運に追いやってしまいます。

私たちの「気」には、想像を絶するほどの、多様にして、強大で、無比の力、まさしく「超パワー」が潜んでいて、絶えず大きな働きを続けているのです。

この本は、「気」の秘密を解き明かしていきながら、あなたが置かれている現代のさまざまな状況の中で、いったいどのようにすれば、その「気」の超パワーを最大限に生かして、明るい、充実した人生を送ることができるか、ということを解説していくものです。

本書を最後まで「気分よく」読み終えていただけたら、今日からの毎日を「元気よく」「やる気」に満ちて過ごしていただけることでしょう。

幸運を呼ぶ「気」の超パワー　目次

第1章　「気」の驚くべき超パワー

第2章　「気」が幸福を運んでくる

第3章 明るい「気」のコミュニケーション

第4章 「気」がビジネスの成功を呼ぶ

第5章　健康と若さを約束する「気の導引術」

DTP　ISSHIKI
扉・目次写真　©istock

第1章

「気」の驚くべき超パワー

日本中を「元気」にしてくれた、アンパンマンの「元気」

勇気と愛に溢れた、みんなを元気にしてくれる歌、それが漫画家やなせたかしさんの『アンパンマンのマーチ』です。

生きることの喜びを、元気に明るく歌い上げたこの歌に、二〇一一年の三・一一の東日本大震災が起きてから、ただちにラジオ局にリクエストが殺到したことは、日本全国で大きな話題になりました。

長年にわたって子供たちの絶大な人気を集めている、まあるい顔で、ほっぺが大きいアンパンマンは、ニコニコとして明るく、いつも「元気いっぱい」です。「元気三倍」「元気七〇倍」「元気一〇〇倍」「元気二〇〇倍」になるだけでなく、「勇気三倍」「勇気一〇〇倍」にもなって、いじめられたり、苦しめられたりしているお友達を助けるために、パワーアップします。

そして空を軽々と飛び回り、「ばいきんまん」をはじめとするどんな強敵が現れても、勇気リンリンと、強烈な愛のパンチを見舞ったりして、空のかなたに吹き飛ばしたりするのです。

そうです。アンパンマンはまさしく「元気」を象徴する、われらがヒーローなのです。そして、日本中が困難に直面したとき、優しくて行動力があり、自己犠牲をいとわない、勇気に溢れたアンパンマンが、全国に愛の花を開かせてくれたのです。

「元気」に溢れたアンパンマンが発する熱き心に、年齢を問わず、たくさんの人が勇気づけられ、「元気」をもらい、「生気」が甦ったのでした。

この「元気」の言葉は、「ふるさとの元気」や「東北を元気づける」や「日本を元気に」などと、復興のキーワードとして、たくさんの人に熱い気持ちをこめて用いられてきていることはご存知の通りです。

「元気」とは、私たちを支えている根源的なエネルギーであり、私たちの運命を変えるほどの超パワーを持っています。

そしてそれが発散されると、その暖かくて力強く活発なエネルギーはまわりに広まり、受け取った人は「生きる勇気」が湧き上がってくることに気づくのです。

「気のパワー」が青年を一変させた

私は日本で、「無為自然」の「道」である「タオイズム」を学べる唯一の学校である「道家道学院学長」として、多くの人から、人生についての、そして心身の健康についての、さまざまな悩みや心配事の相談を受けてきております。そして、そうした人たちとの対話(「洗心術」と呼んでいます)を通じて、本当の生き方、本当の心身の健康のあり方について、「気づいて」もらっています。

その相談の内容は実に様々ですが、その対話で最大のポイントとなるものは、多くの場合、「元気」をはじめとする「気のパワー」です。

洗心術の模様は、おいおい紹介いたしますが、道家道学院で「気のパワー」を学んだ友人に偶然に出くわし、びっくりして、私を訪ねてきた人がいます。

ある日、私の前に現れたのは、自動車関係の会社に勤める二六歳の男性のAさんです。

Aさんは「気力」溢れる、「元気」いっぱいの青年に変貌した友人から、「気のパワー」のことを知って、さっそく道学院を訪ねてきたのです。

「このところ、仕事に自信がなくなって、夜もよく眠れなくなりました。気が滅入って、ちっとも心が休まらず、気力が湧かなかったのです。そんなときに、大学時代の友人のT君にばったり出会ったのです。」

Aさんを驚かしたのは、その友人Tさんが、とびきり元気になっている変貌ぶりでした。

「彼は化学関係の会社に勤めていて、以前は私より仕事もできないし、なんだか人生がつまらないとか言っていたのですが、先日、ふと街で声をかけられたのです。気分が悪く、ボーッとして歩いていた僕の肩を叩くヤツがいると思って顔をあげると彼でした。ところが彼は、いやに元気に、ハツラツとしていたのです。」

「気」で人生は様変わりする

どちらかというと、いつも陰気臭かった以前とは見違えるほど元気になっているTさんが、Aさんにすこぶる明るい表情で、爽やかに声をかけたというのです。

「A君、辛気臭いな。気がないぞ！　どうしたんだ？」

以前とは様変わりしている友人Tさんをつぶさに見ながら、Aさんは、「え？」と思いました。そして「気がないぞ！」というその言葉が妙に気になって、近くの喫茶店でいろいろ話を聞きました。

友人のTさんは、道家道学院で学ぶようになって、「気のパワー」のことがだいぶわかってきたと、Aさんに言うのです。そして、「気」の流れが変わるならば、強運になるよ、とアドバイスをしてくれたのです。

さらにAさんに向かって、ハツラツとして、そして嬉しそうな顔で、目を大きく見開きながら、こうはっきりと言い切ったのだそうです。

「A君、人生は面白いよ。明日なにがあるかわからないから、楽しいんだ。元気になると、これまでなんとなく明日が不安だったのが、楽しみになる。だから、いま落ち込んでいる君が人生を変えたいと思っているならば、君も、『気のパワー』を学んで、身につけるようにすればいいんだ。」

私に向かってそう語りながら、Aさんの表情は、明るく変わってきました。

「T君が、それこそ本当に輝く目で言うものですから、そのオーラに感動したというか、以前の彼には想像もつかない感じだったので、僕は道家道学院のことを彼に尋ねて、こうして参らせていただいたのです。僕は、人の言うことをなかなか素直に実行しない、自分で納得しなければやらない方なのですが、彼が言う『気のパワー』のことは、嘘偽りもなく、真実だと確信したのです。」

このようないきさつで入学したAさんは、「気のパワー」を得るための、新しいスタートを切りました。

それから間もなくAさんが、元気いっぱいの、気力溢れる、生気に満ちた、魅力的な青年に変わって、毎日を気分良く、颯爽と送っているということは、周りのすべての人が知っています。

Tさん、Aさんのように、「気のトレーニング」を始めて、「気のパワー」を身につけるようになれば、人生が楽しくて仕方がないようになるのです。

「気のパワー」があなたの命を守ってくれる

古代中国では、すべての存在や現象の元となるものが「気」であると考えました。そして、その「気」というものの存在を、実体のあるものとして捉えました。

「あら、元気そうね。最近、いいことあったの?」

などと私たちは、久しぶりに会った人に、こう元気に話しかけます。そして、

「じゃあ、お元気でね。またね。」

と元気な口調で挨拶をして、別れます。

このように、私たちが頻繁に用いている「元気」という言葉は、「元始」(「始元」とも言います)の「気」という意味です。「源気」「原気」とも言います。

それは万物を生成発展させる、原初の、根源的な力のことです。したがって、それは元々の、そもそもの始めから人間に本来備わっている、そして私たち人間を生み育んでくれる、先天的な「気」のことなのです。

その旺盛な「元気」を授かって、あなたはこの世に生命として誕生しました。そうして成長をし、人生を過ごしてきて、今ここにいて、この本を読んでいるのです。

成長するに伴って、体はずんずん大きくなり、大人として筋骨は発達しましたが、実は宇宙から誕生の時に与えられたエネルギーである、その「気」をどんど

ん使って、あなたは日々を過ごしてきたというわけです。

人間は「気」が満ちた時に生まれ、「気」が衰えた時に死に至ります。つまり、あなたが今、こうして呼吸をして、生きているということは、天地自然、宇宙にいただいた命の原動力である大事な「気のパワー」を毎日使いながら、それを消費しているということなのです。

ですから、その「気」の力を身につけることができ、そしてその「気のパワー」を増していき、そして「天地自然の道」（タオイズム）の流れに沿うことができるならば、おのずと運が向いてくることになるというわけです。そして、幸福に包まれながら、健康に毎日を送り、長生きできるわけです。

心と体も「無為自然」の状態に戻す「気のトレーニング」

「気」と「宇宙」と「道」について、さらに説明いたしましょう。

もともと人間は、宇宙の中で生かされている宇宙の一部です。

人間も、宇宙の「気」によって生み出されたものでありますから、人間の持っている本来の「気」の波動は宇宙と調和しているはずです。

私たち人間は、天地自然の中で「気」によって生かされているのです。従って、あなたが、その宇宙の「気」の流れに添うことが、あなた本来の生き方であり、そしてそれこそが、最も強い生き方であると言えます。

生きるのも死ぬのも、この「気」の作用です。私たちは「気」が強ければ生き残りますが、「気」がなくなれば死ぬことになります。それは天地自然の摂理なのです。

したがって、この先天的な「気」のことを「宇宙エネルギー」と呼ぶこともできます。

人間がどんなに頑張っても、どんなに頭を使って考えても、天地自然の流れを変えることはできません。この宇宙に貫徹する大原則のことを、古代中国の人は「道」（タオ）と名づけました。

言い換えれば、その摂理の大本になっているのが、宇宙から賦与された「気」の作用であり、その「気」の作用の基本原則といえるものが「道」なのです。

そして、その「道」の思想のことを、「タオイズム」と呼んでいます。

私たち人間が最も幸せに生きるためには、この大原則（タオイズム）に添う生き方をすることが肝心です。そのために、心と体も「無為自然」の状態に戻そうとする、最も効率の良い修行法、そして修練の体系こそが、道家道学院で学べる「気のトレーニング」なのです。

「無為自然」とは、心と体も限りなく自由で、あらゆるとらわれやこだわりがない境地を表しています。

その「気のトレーニング」は、洗心術、動功術（「道家動功術」とも呼んでいます）、導引術（「気の導引術」とも呼んでいます）の三つです。

洗心術では「気」を清め、磨き、高めることができます。

動功術ではほかの人と「気」の交流をし、「気」の流れを調和のとれた、活発なものにすることができます。

また導引術は、心と体の「気」の流れを本来の、自然な姿にするもので、いうなれば「気」による心と体の総合健康法です。

本書では、あなたが一人で、いつでも、自宅でもできる導引術を中心に、「気のトレーニング」について説明してまいります。

運の良し悪しを左右しているのは「気」だ

よく「私は運がない」とか「自分は運が悪い」とこぼす人がいます。

「また、抽選にはずれてしまったの。私ってなんて運がないんでしょう。」

「大事な試合の前に足をくじいてしまった。僕はいつも本当に運が悪いんだよ。」

こうした言葉を、私たちはよく耳にしますね。

たしかに、運の良し悪しというのはあるように見えます。

しかし、じつは「運」というのは、自分次第で良くもなれば悪くもなるものなのです。

あなたが、お父さん、お母さんのもとで、ある場所、ある日時に生まれたという「宿命」は変えられませんが、「運命」は変えられます。

「運がない」とか「運が悪い」と嘆くような人は、それは、その人が「気」が乏しく、本来の、そして自然な「気の流れ」に逆らって生きているからなのです。

たとえば、急流に逆らって船を出せば、抵抗が激しいのは当たり前です。ところが、流れに逆らわずに船を操っていけば、抵抗はありません。

それと同様に、「気の流れ」に沿って生きている人は、流れに逆らわずに人生を前進していきますから、抵抗は受けず、運も自然に開けていくのです。

この流れには、人の流れ、ものの流れ、金の流れなど、いろいろあります。

つまり、試験や勝負や結婚や家庭生活、金運、会社での出世、事業、そうしたすべてのことを左右しているのが「気」にほかならないのです。

物事は「気」が充実している時には何をやってもうまくいきますが、「気」が衰えた時には逆に、やることなすことすべてがうまくいかないものです。

「運気」という言葉があるように、「気のパワー」があなたの「運」を味方につけるのです。そして「幸運」の人になれるのです。

「器量」を上げるためには「気量」を増大させる

しかし道学院入学前の、かつてのAさんのように、「元気」が無くて、「気」が足りない人は、あなたの周りに少なくないことでしょう。

そんな「気のパワー」が弱い、「気量」不足の人は、これまでの不運を嘆く暇があったら、「気のトレーニング」をすると良いのです。そうすれば「気量」が増してきて、人生が変わり、幸せになります。

ふつうは「器量」と書いて「彼は器量が大きい」（人物の器が大きい、人徳と才能がある）とか「あの娘さんは器量良しだ」（容姿が端麗）などと言いますが、じつは「器量」とは「気の度量」、つまり「気量」に他ならないのです。

したがって、「気のトレーニング」を続けていくと、いわゆる気が小さい人も、弱気の人も、気力が乏しい人も、みんな気量が増大し、器量が増し、度量が増し、運命が好転していくのです。

つまり能力がアップし、人間的魅力が増し、容姿も端麗になっていき、強運の人になっていくのです。いわゆる「器量人」です。

そうはいっても、はたして本当に運が良くなるのだろうか、そんなスイスイとうまい具合にいくのだろうか、とあなたは疑問に思われたかもしれません。

実際に良くなるのです。私はそう断言します。

というのも、道家道学院で「気のトレーニング」を続け、「気」をコントロールし、元気な「気」を体から発している人たちは皆、実際に幸運の人、強運の人となっているからです。そして言い知れぬ人間的魅力を発し、幸福感と、深みのある美しさが全身からにじみ出ているのです。

この宇宙のすべての出来事は、「気」の流れによって動いています。

ですから、あなたが「気」の量を増大し、「気のパワー」を強くすれば、自然に「良い気」に乗って、おのずと「運気」も良くなり、魅力的な人になっていくのです。

リーダーの条件は「気量」が大きいこと

このことから、「リーダー」とか指導者と言われる立場の人になるには「気量」が不可欠であることがおわかりいただけると思います。

「リーダー」とか指導者というのは、国際的な指導者や、国家の元首や、知事や市長や大企業の社長ばかりではありません。どんな世界にでも、そうした立場の人は生まれてきます。

人の上に立つ人、人を指導するような人は、その大きな「気のパワー」で、人々を包み込み、大きな目的に向かって、みんなの「気」をまとめあげ、まっしぐらに進んでいく役割が求められているのです。

組織は、みんなで「気」を一つにして、目的に向かって「元気に」進むということが大切なのです。

そして優れたリーダーならば、その「やる気」が周囲の人々を磁石のように惹きつけ、部下たちの「やる気」を引き出します。

そのリーダーの「気力」が暖かく、清らかであり、そして天の道に則って、世のため人のために行動するという気持ちが根底にあるならば、その人は一見厳しすぎるような姿を見せても、部下に慕われる、立派な指導者となります。

しかし、その逆にリーダーの「気」が汚れた、そして我執が強く、私利私欲にまみれた、ひとりよがりのものであれば、その組織は腐敗していき、ピークに達したならば、崩壊への道をたどることになるのです。

リーダーシップで大きな役割を果たすものこそ「気」にほかならないのです。

織田信長と豊臣秀吉と徳川家康の「気」の性質を比較する

日本史で、器量の大きな人物、すなわち「器量人」と見なされているのが、おなじみの英雄・織田信長（一五三四〜八二）と豊臣秀吉（一五三七〜九八）と徳川家康（一五四二〜一六一六）です。

現代日本には、それぞれファンの人がいて、三人とも、かけがえのない魅力に満ちた大人物と思われています。

織田信長と豊臣秀吉と徳川家康の三人の性格を表したという、有名な俳句がありますね。

「鳴かぬなら殺してしまえホトトギス」　織田信長
「泣かぬなら鳴かせてみせようホトトギス」　豊臣秀吉
「鳴かぬなら鳴くまで待とうホトトギス」　徳川家康

この俳句から、三人の英傑の「気」の性質を探ると、
織田信長は、豪気で短気で、気性が激しく、無理を承知で一気に行動する人物。
豊臣秀吉は、強気で、勝気で、才気走っていて、何者にも気負けしない人物。
徳川家康は、気長で、我慢や忍耐や辛抱ができ、何事にも気分を乱されぬ人物。
ということになるのではないでしょうか。

果敢な行動で危機をくぐりぬけてきた、この三人の最期を見てみましょう。

信長は非業の死を遂げ、秀吉は未練を残しながらこの世を去り、家康は人一倍、健康にも留意して、七五歳という当時としては破格の長寿の生涯を送りました。

信長と秀吉が世を去ったおかげで、家康はついに天下を統一し、徳川幕府を創設し、そして二六五年間にも及ぶ「泰平の世」の礎を築くことができたのです。

三人とも、時代を激しく揺り動かした、人並みはずれた大きな「気量人」ではありましたが、信長は「一本気」のあまり部下に背かれ、秀吉は「気」がはやりすぎて、滅亡の種をまき、家康は「気」を落ち着けることによって、最後に勝利を握ることができたのだと言えるでしょう。

家康は、信長ファン、秀吉ファンの人からは「腹黒い狸親父《たぬきおやじ》」と非難されてい

ます。しかし、「狸親父」というのが、人を煙《けむ》にまくのが上手という意味ならば、それは、人を包み込んでしまう「気」を巧みに利用していたことを物語っているのかもしれません。

「勇気」には強大なパワーがある

「勇気」には強大なパワーがあります。

それはあなたの人生を明るく変えることができます。そして人々に「元気」のパワーをもたらします。さらにまた、世の中を変え、新しい時代を作り上げる原動力となります。

しかし一方では、「勇気」が誤った方向に進んでしまうと、それは本人と周囲に破滅をもたらしてしまうのです
そのことを信長、秀吉の人生に見て取ることができます。

戦国の世を終結させ、天下統一を図った勇者・信長は、天皇をしのごうとする野心を実現しようとしていましたが、明智光秀の反逆によって、本能寺で命を落

とし、その亡骸《なきがら》は見つかりませんでした。

また朝鮮と明国を支配するという野望を抱いた勇者・秀吉は、その夢が破れて、国内で盤石の基盤を確立できぬまま、我が子秀頼の行く末を気にかけつつ亡くなりました。

二人の「勇気」はエスカレートするあまり、自滅せざるを得なかったのです。

もちろん、当時と今とでは、時代の「気運」も異なり、人々の「気風」もまったく異なります。ですから、現在の私たちの尺度で、信長や秀吉の人間性や行動について、判断したり批判したりすることは、的外れという面はあります。

しかし、稀に見る英傑、信長と秀吉の二人は、規格外の大きな「気量」を、破滅へのエネルギーに変えてしまったことは、冷厳な事実なのです。

タオイズムの原典である『老子』(『老子道徳経』とも呼ばれています)の七三章には、「勇者」の運命について、つぎのように記されています。

「自分の力を誇示しようとか、相手を打ち負かしてやろうと思えば、かえって自分を滅ぼすことになる。」

「天の道は争わずして勝ち、黙っていても相手の方から応答し、招かなくても向こうからやってくる。」
「逆に天の憎む行為は必ず滅びる。」
（『定本「老子道徳経」の読み方』）早島天來著、日本道観出版局刊）

「気のパワー」はあまりにも強大であるだけに、諸刃《もろは》の剣であって、それによって自分の人生を開運することもできれば、自滅することにもなります。さらにまた、世の中を建設することもできれば、破滅に導くこともあります。

そして、人の上に立つ人物ならば、大きな「気量」を蓄えて、天が味方するような行動をとらなければ、自分も周囲も不幸に陥るのです。

「人気者」の秘密は「気」にあった

「人気」のタレント、人気作家、人気歌手と呼ばれる人がいます。人気政治家もいます。

また会社の女性社員には不人気の役員もいます。あなたの通っていた学校でも、クラスの人気者や、生徒に人気のある先生はいましたね。

いったい、「人気」とはなんでしょう。

それは当人から発散され、周りの人を惹きつける「気のパワー」のことです。明るく、人の心を暖かくする磁力のようなものが放散されると、それを受け取った人たちは、「元気」になり、「陽気」になるのです。

したがって「人気のある人」とは、人を惹きつける「気」を盛んに出して、私たちを「元気」にし、「陽気」にしてくれる人のことです。

最近の人気のキーワードは「かわいい」と「クール」（カッコいい）です。

かわいい動物の人気者といえば、多くの人がすぐに思い浮かぶのはパンダではないでしょうか。その人気の秘密について、「頭が大きくて、赤ちゃん体型」であり、そして「身体全体が角のない丸型」であるため、可愛いからだ、と上野動物園では解説しています。

私たちが赤ちゃんを目にすると、思わず、頬ずりしたり、抱きしめたくなるものですが、そのような愛くるしい、「邪気」のない人間の赤ちゃんを連想させる、なんとも言えないかわいさや、愛くるしいしぐさが、人々の「気」を引き、「気」をなごませ、みんなを笑顔にし、人気を呼んでいるわけです。

二〇一六年の熊本地震で「元気なくまモン、元気な熊本の姿をもう一度見たい」と全国の人たちから言われたほど人気が高いのが「くまモン」です。「ゆるキャラ」で屈指の人気を誇る「くまモン」は、かわいらしく、明るく、私たちを「元気」にし、「気」をなごませてくれる、熊本県のPRキャラクターです。

このように「人気」の秘密は「気」にあるのです。

横綱、日馬富士の「気」の力を見抜いてスカウトした眼力

歌手でもタレントでも政治家でも、人気が出たり、良い仕事をしている時には、テレビを見ても、「気」が発散されているのがわかるものです。

新人歌手が伸びるかどうかは、もちろんその歌手の歌がうまいとか、ルックスがいいといったことは大切ですが、それに加えて、「気」が他の人より強く輝いているかどうか、ということが肝心だとされています。

新人発掘の目利きのプロは、そういう人を見極めて、プロダクションに入れ、トレーニングをするそうです。

そのためにはスカウトすることが大切になってきます。歌手の郷ひろみさん、俳優の三田佳子さん、亡き三國連太郎さんも、街でスカウトされたことがよく知られています。

目利きのスカウトは、それが「気」だと意識しているかどうかは別にして、かならずそういった「気のパワー」を見抜いているものなのです。

スカウトといえば、「気力」溢れる、スピーディで切れのある技で土俵を沸かす第七十代横綱、日馬富士のことを忘れるわけにはいきません。日馬富士関は、モンゴルで高校生のときに、スカウトされて来日した人です。

日馬富士関は、体が小さいというハンディがあるものの、全力士の中で随一の「気力」や「負けん気」の強さで、それを見事にカバーしている、と言われています。

二〇〇〇年七月に、伊勢ケ濱親方（当時の安治川親方。元横綱・旭富士）がモンゴルで相撲大会を開いたとき、百人ほどの出場者がいました。みんなが日本の大相撲で活躍することを夢見て、やってきたのです。その中から、親方が選び抜いて、伊勢ケ濱部屋にスカウトしたのが彼でした。間も無く彼は高校を中退して来日し、単身入門したのです。

しかし、当時十六歳だった彼の当時の体格は、一七五センチで八十数キロというもので、ほかの出場者の中には体格がはるかに勝る人も大勢いました。しかも彼はやせぎすでした。

どうして伊勢ケ濱親方は、彼に目が止まって、スカウトしたのでしょうか。

親方は、そのことについて、彼の「反射神経と目の力に、素質を感じた」と述べています。親方は、彼の相撲勘の良さと、キラキラ光る目の輝きに惹かれたそうなのですが、じつは親方を何よりも引きつけたのは、彼が発する「気のパワー」だったのです。

こうして、人並みはずれた「気のパワー」を見抜いてスカウトした彼を、十二年間の猛稽古で鍛え抜き、横綱にまで育て上げた伊勢ケ濱親方は、力士の才能を見抜ける「慧眼《けいがん》の主」として絶賛されているのです。

入試もビジネスもスポーツも「気」で勝負が決まる

高校入試でも、大学入試でも、じつは「気」で勝負が決まるものなのです。

すべて入試にしても、ビジネスにしても、スポーツにしても、うまくいくときは、その人から「良い気」が出ているものです。だから、いつも「良い気」が立ち上っているような人は、何をしても運がいいのです。うまく物事が運んでゆくのです。

もちろん勉強をして、試験問題にきちんと答えられる力をつけることは必要ですが、いくら勉強しても試験の当日にあがってしまって、実力が出せないという人がいます。これも「気」の不足が原因なのです。そして自分以上に見せようという我執がまた、「気」の流れを邪魔しているのです。

「本番に強い」「本番に弱い」という言葉が、試験やスポーツの試合に関して、よく使われます。

実力通りの、場合によっては実力以上のパフォーマンスを出せる人が「本番に強い」というレッテルを貼られます。一方、緊張したり、プレッシャーに押しつぶされたり、ツキから見放されている人は「本番に弱い」というレッテルを貼られるのです。

じつはこの「本番に強い」人とは、「気の流れ」の良い人、一方の「本番に弱い」

人とは、「気の流れ」の悪い人なのです。

そして本番に強いだけでなく、ここぞという大事な勝負となると「気持ちが集中」し、必ず勝つ人がいますが、そうした人は「勝負強い」と言われます。

よく相撲で、稽古場では無敵なのに、本場所では力が発揮できない関取には「稽古場横綱」という言葉が用いられます。

また、練習している時は、胸のすくような快速球を投じ続けて、周囲を感心させるのに、いざ試合となると、残念ながら力が発揮できない、野球のピッチャーのことを「ブルペンエース」と言います。

「運も実力のうち」という言葉がありますが、この言葉は、その「運気」の秘密を如実に表しているのです。

スポーツの試合で、実力が伯仲している両者が全力を尽くし、勝利を収めた方が「気迫の勝利だった」とか「気力が勝《まさ》った」とか「気合で勝ち切った」「強い気持ちが最後まで途切れなかった」などと、讃えられることが少なくありません。

一方の敗者は「勝気にはやりすぎた」「いまひとつ気合が足りなかった」「気持ちが空回りした」「気力に圧倒された」などと、その敗因が指摘されます。

勝負運を左右するのは、じつは「気のパワー」にほかならないということは、たいていの人が気づいているのでしょう。

「気のトレーニング」で宇宙の波動と調和する

「気のトレーニング」をすると、運が良くなるものです。それはなぜでしょうか。私たちが「気のトレーニング」を続けていくと、宇宙エネルギーである「気のパワー」が強くなり、そして「気」の流れが自然になっていきます。そしてさらに、「邪気」がなくなるといった効果も生まれて、自然に宇宙の波動に調和するようになっていくからなのです。

もともと人間とは宇宙の「気」によって生み出されたものですから、私たちの持っている「気」の波動は、本来は宇宙と調和しているはずなのです。

ところが、その波動が、体の「気」の障りや凝りなどによって停滞してしまった状態になると、宇宙の波動に調和しなくなるのです。

このため、いろいろな物事がうまく運ばなくなり、さらにそれが進んでいくと、人生の歯車がどうも狂っている、というような事態にもなりかねないのです。

ですから、あなたの友人に、いつも調子のよい人がいて、

「あいつは生まれつき歯車がかみ合っていて、幸福者で、いいよなあ。それにひきかえ、自分はなんて不幸者なんだろう。人生って、なんだか不公平だよ。」

などと思っていたとしたら、そんなふうにぼやかないで、さっそく「気のトレーニング」を始めて、運を良くすればよいのです。

「気」の流れが幸運と不運を左右する

とはいえ、せっかく「気のトレーニング」を始めて、「気」の流れを良くしても、つまらぬことで怒ったり、イライラしたり、くよくよ失敗したことばかり引きずって考えているうえ、「自分だけ成功したい」とか、「自分だけ褒められたい」とか、「自分だけもてたい」というような我欲を持っているならば、それは「我執」ですから、「気」が一箇所に停滞してしまいます。

我執があるというのは、自分の我にとらわれてしまい、生き方を狭くし、自分

を窮屈にしてしまうことです。

「なにがなんでも儲けて、大金持ちになるぞ！」

「私をバカにした世間を見返してやる！」

「もっと偉くなって威張りたい！」

「自分だけがスポットライトを浴びて、みんなから絶賛を浴びるんだ！」

こういった、心の奥底に潜んでいる、執着心や、見栄や、自己愛が、我執に当たります。

したがって、「気のトレーニング」を続けて、そうした我執がとれて、「気」の滞りがなくなっていくと、「ああすっきりした」、そう思えてくるようになります。するると、自然に胸も広々とし、いつでも爽やかな気分となります。そして、体の調子も良くなり、また運も良くなるのです。これが「気のパワー」なのです。

道家道学院で学べる、「タオイズム」の、何事にも執着しない、とらわれのない、無為自然の心、これが無我執の心であり、それが「気のパワー」を増やし、高めてくれるのです。

ここで、あなたは「無我執になるのですか、いやあ、それは難しいなあ」と思われたかもしれません。しかし、そんなことはありません。我執は気づいたら、その時点ですっぱりと放《ほ》かせば良いのです。

我執がつくと、それは本来の自分にとっては不自然なことですから、苦しくなります。ですから、苦しいなと思ったならば、その原因は我執なのだと思えば良いのです。そして我執がなくて、体が元気であったら、人間はおのずと楽しく生きてゆけるものなのです。

我執も、そして病気も、すべて「気」の滞りにほかなりません。そして、人間のこの世での運、不運はすべて「気」によって左右されているのです。

ですから、あなたが「気のトレーニング」をするということは、体調が悪いのを改善するといった、健康に関することだけではなく、不運な人生を開運に変える、まさに抜本的な方法でもあるのです。

江戸が血の海になるのを救った「気」の奇跡

我執の無い人が「気」の超パワーを発揮した、日本の歴史に残る一コマがあります。

あなたは「剣禅一如」という言葉をご存知ですか。

剣と禅は一体であって、二つに分けることはできない、という意味ですが、その精髄を極めた人物と言われているのが山岡鉄舟（一八三六～八八）です。その山岡鉄舟のエピソードをご紹介しましょう。

時は一八六八（慶応四）年三月六日、所は東海道の品川の先、六郷川の地にある東海道です。道路には、なんと五万人にものぼるという、京都から江戸に向かって進軍してきた東征軍の、その先鋒部隊の兵士たちがいました。

その敵陣の中を、なんということでしょうか、彼らに向かい、大声をあげて通り抜けようとする人物がいました。それが山岡鉄舟です。

それをさかのぼる二月九日のこと、西郷隆盛（一八二七～七七）が東征軍大総督府参謀に任じられました。そして徳川幕府を倒して、「朝敵」（朝廷に刃向かう敵）の将軍・徳川慶喜を討つために江戸に攻め込む、この東征の大軍が結成されたのです。

東征軍は東海道を、抵抗を受けることなく進軍を続け、三月六日には駿府（現静岡市）に到着。三月十五日には江戸城を攻撃せよ、という命令が大本営から下されました。

それに対して、幕府の陸軍総裁の勝海舟は、徳川慶喜は謹慎しているのだから、国内を大混乱に陥れてしまう江戸城攻撃は中止してほしい、という手紙を西郷宛にしたため、その大事な手紙を手渡すことを、山岡鉄舟に託していたのです。

「朝敵徳川慶喜家来、山岡鉄太郎、大総督府へまかり通る。」

幕臣の山岡鉄舟が、このように叫ぶと、敵の隊長・篠原国幹《くにもと》は、なぜか鉄舟を、そのまま通してしまったのです。

山岡鉄舟の、我執とは真逆の、無私無欲の行動が、強い「気」を発し、その有無を言わさぬ「気迫」に、篠原は圧倒されてしまったのです。

そして鉄舟は東海道を、益満休之助を連れ、「朝敵徳川慶喜家来、山岡鉄太郎、大総督府へ参上。」と叫びながら、昼夜兼行で馬を疾駆させ、三月八日に駿府に到着。翌日、大総督府大本営に向かいました。しかし敵兵がひしめく中、それから鉄舟がどうやって大本営にまでたどり着けたのかは謎とされています。

山岡鉄舟と面談し、勝海舟からの手紙を受け取った西郷隆盛は、このときの鉄舟の行動について、後に「あんな命も金も名もいらぬ人間は始末に困る。」という有名な言葉を残しています。

こうして、江戸城総攻撃の命令が出る二日前の三月十三日に、西郷隆盛と勝海舟の会談が、高輪にある薩摩藩の江戸藩邸で行われました。その会談で、江戸城を無血開城することが決まり、江戸が血の海になることを阻止することができたのです。

山岡鉄舟の、この無我執の「気の奇跡」こそが、まさに日本の運命を決定したのでした。

山岡鉄舟が詠んだ有名な歌があります。それは、

「晴れてよし　曇りてもよし　富士の山　もとの姿は変わらざりけり」

というものです。

この歌は、「恵まれた環境にあっても、一方、逆境にあっても、常に富士山のように悠然とした自分本来の姿を、変わらずに保っていたい」という内容です。

この名歌の通り、毀誉褒貶にとらわれず、泰然自若とした人生を送った山岡鉄舟は、禅を通じてタオイズムを深く理解していたことがうかがわれます。

「陰気」を発していると、不運を招いてしまう

運と「気」について、さらにご一緒に考えてまいりましょう。

「あのときは運が悪かった。自分は不運の持ち主なんだ」とこぼしている人は少なくありません。

たしかに、小学校の入学にしても、中学校の入学にしても、また高校や大学の入試の時にしても、また就職試験に際しても、一見、「運が悪かった」と思えることは多くの人にありえることです。

たとえば、試験の前日、風邪をひいて高熱が出たとか、当日、雪の日のため、お腹の調子が悪くなって、頭が働かず、試験に失敗したといったことがあるかもしれません。

しかし、そうした気持ちをずっと引きずっているか、あるいはそれを乗り越えて、次の可能性に向かって、元気な気持ちを持って進むかによって、その後の人生は大きく変わってしまうものなのです。

誰でも調子の悪い時もあれば、良い時もあります。幸運の時もあれば、不運の時もあります。しかし成功する人というのは、調子の悪い時に、ことさら人のせいや、天候のせいにするようなことはしません。

たとえば、試験日が雪の降る日だったら、少し暖かい服で出かけます。お腹も冷やさないようにします。それくらいの注意は自分ですることです。

ところがその人が、お腹が痛くなったのは不運だ、自分は悪くないとか、天候がいけない、こんな日に雪が降るのは運が悪い、などといって理由づけ、さらにいつまでも自分は不運だったという思いを引きずって、気にしているとしたならば、その人は自分から「陰気」を発し続けて、せっかくの「気力」を喪失し、自ら不運を引き寄せていることになるのです。

「陽気」が幸運をどんどん引き寄せる

考えてもみてください。高校の入試が雪の日だったならば、その学校を受験した生徒は皆、雪の中で受験したわけです。その人と条件は同じだったわけです。

その人はまず、そうした陰気で後ろ向きの考え方をやめることです。すると、同じ人生がもっと楽しく幸せになるのです。

「自分は運が悪いんだ」と、いつもこぼしている人にしても、これまで運が良かったこと、楽しかったことが、実際はたくさんあるに違いありません。

お母さんの病気が治った、素敵な友人が何人もいる、お父さんが元気で仕事をしている、第二志望の大学に合格できたおかげで、現在の奥さんと出会って結婚した、などのことがあったはずです。

そういうふうに自分の運が良い点、明るい点を数えてみれば、結局のところ、自分もそう悪い人生ではない、いやいや、けっこう幸せだった、ということがわかってくるものなのです。

そうなると微笑みも浮かび、「気」の流れもそれだけで良くなって、「陽気」になってきますから、その「良い気」に幸せが、磁石のように引き寄せられてきて、幸運が幸運を呼ぶことになるのです。

あなたの場合も、道に迷って困っている時、たまたま出くわした人が親切に教えてくれた、学校で気分が悪かった時、隣の席の人が先生に言ってくれて、すぐに救急室に行って、大事にならずに済んだ、みんなからいじめにあった時、助けてくれた友達がいた、そういった体験はなかったでしょうか。

おそらく、きっとたくさんの幸運があったはずです。

あなたがそのように、素直に物の見方の転換ができ、あなたの「気」が「陰気」から「陽気」に変わってくるようになると、人生は山あり谷ありですが、それがまた楽しいと思えるようになります。

そして、あなたが今、こうして生きていること、あなたがお父さん、お母さんの子供として生まれてきたこと、そして家族がいることなどを、心の奥底から、うれしく、楽しく、ありがたく実感できるようになるのです。

また、不運と思えることが実は、幸運の入り口にほかならなかったということにも気がつくはずです。

幼少時代、貧乏だったため、努力して大成功したとか、大事な試合で惨敗したため、それから猛トレーニングをして、一流の選手になったとか、会社をリストラされ、会社を起業し、大成功するようになったなど、あなたにも、それに似た実例は枚挙にいとまがないはずです。

いやむしろ、困難をバネにして奮闘努力する「ハングリー精神」が欠けていれば、成功することはない、とスポーツの世界やビジネスの世界ではよく言われています。

三つの不運を克服して開運した「電力の鬼」松永安左エ門氏

「ラーメンの鬼」「土俵の鬼」「将棋の鬼」「卓球の鬼」「麻雀の鬼」など、鬼気迫るほどの情熱をもって、人一倍の努力で開運した、「鬼」と呼ばれる人物がいます。

なかでも「電力の鬼」と呼ばれたのが、有名な、いわゆるカリスマ実業家、松永安左エ門氏（一八七五〜一九七二）です。

人々の畏敬を集めた松永氏は、不運を経験してこそ、人間は磨かれるのだと言い切っています。松永氏によると、実業家が実業家として完成するためには、三つの段階を通らぬとダメなのだそうです。

それは、第一には長い闘病生活です。第二は長い浪人生活です。第三は長い投獄生活です。

この三つを経験するのは、なかなかたいへんなことだが、少なくとも、このうちの一つくらいは通らないと、実業家のはしくれにもならない、と松永氏は述べているのです。

もちろん長い闘病生活を送ったり、長いこと会社から離れたり、あるいは無実の罪で投獄されるようなことは、ないに越したことはないのですが、病気になったり、会社で左遷されたり、人からいわれもなき中傷を受ける、といったようなケースは往々にしてあるものです。

私たちの人生には、大なり小なり、そうした試練はつきものなのです。

そうした試練について、松永氏は、人生においてそのような辛い経験をすることはどうしてもあるものだ。そして、健康や社会生活や信用が長期間にわたってたいへんな危機にさらされるという、人生の課題を克服した人物でなければ、きちんとした社会人にはなりえないのだ、ということを述べているのです。

松永氏は、その三つを自らすべて経験し、堂々と困難に打ち勝ってきたので、その言葉には重みがあります。

そうした厳しい体験を経て、大きく開運した松永氏は、実業家として大成して、

「電力王」とも呼ばれたばかりか、政治家にもなり、また茶人、美術コレクターとしても名高い人物となったのです。

「陽気」になって人生を方向転換する秘訣

人生の試練については、こうした話もあります。

何一つ不自由がない、そして人一倍恵まれた人生を送っている大富豪の息子が、二十代前半で、「こんな退屈な人生はもうあきあきした」と、ピストル自殺をしたという話です。私はそれを新聞の海外ニュースで読んだのですが、それによく似た実話を何度も耳にしました。

このことから、試練にぶつかり、それを「気力」を持って克服しようとする機会が乏しいような人生では、人は退屈してしまうということがよくわかります。

そしてまた、はたから見れば何不自由のないはずの生活は、じつは当人にとっては、自由のない、束縛だらけの、単調で刺激のない、まったくつまらない生活としか思えなかったのだということが、はっきりとします。

いかがですか。自分の周りの世界が、どんなに豊かで恵まれたものであっても、自分がそれを、魅力が乏しく貧弱な世界と捉えていれば、そのようにしか見えてこないのです。

すべての物事、現象には、明るい面と暗い面があります。あなたが物事の暗い面に執着するのでなく、心を大きく開放して、その明るい方をはっきりと見られるようになったら、「陰気」から「陽気」へと変わり、人生は幸せへと大きく方向転換することになるのです。

そして同じ人生であっても、じつは幸せだったんだなあ、と心の底から実感できるようになるのです。

私たちがそのように「気づく」ことができるための基本は、なんといっても「気のパワー」です。ですから、あなたがしっかり「気のトレーニング」を続けていると、「元気」「勇気」「やる気」が、おのずと湧いてきます。そして仕事をはじめ、物事に「本気」な気構えで取り組めますから、運命がどんどん好転してくるのです。

「気」が強ければ運が良くなる

運命といえば、年の初めに、神社やお寺でおみくじを引いてみる、という習慣は日本人にはおなじみです。「当たるも八卦《はっけ》、当たらぬも八卦」と言いますが、やはり自分の運命は気にかかるものです。

また、今年は運が良い年だとか、悪い年だとか、今年は新しいことをしないほうが良い年だとか言われます。

「そういったことを信じていいのですか?」と私はよく相談を受けます。

「それは、当たるも八卦、当たらぬも八卦なのです」と私は答えています。というのは、まったく当たらないということではないからです。

確かに人間がこの宇宙の中で生かされているということは、太陽や月やさまざまな星からの、引力やエネルギーの影響を受けているわけですから、その人の生まれた年月、時間によって、その人が天体から受ける影響はあります。そして人間には運の良い時、悪い時といった波があることも確かです。

しかし、人間の一生が生まれた日ですべて決まってしまうような事実は無いことは、同じ時に同じところで生まれた人も、まったく違った人生を送ることからわかるはずです。

ですから、今年、運が悪い年と言われていても、例えば、あなたがとても良い条件で転職の話がきている、といった場合には、受けても大丈夫なのです。

あなたが転職したいと思い、今が時だと思ったら、その「気持ち」に素直になって行動するのが良いのです。

健康であって、「気のパワー」が十分であれば、何をするのにも、自分がぜひやりたいという気になったときに実行して成功に導くことができ、そして人生を開くことができるのです。

「陰気」が「陽気」に変われば、運命が変わる

運勢を占うには、西洋占星術やタロット占いなど、さまざまな占い方がありますが、やはり「易」が一番だ、と思っている人も少なくありません。

中国でできた易とは、自然の変化を陰陽の組み合わせである八卦によって表したものです。陰陽の働きを表現した最も古い科学と言えるでしょう。

しかし、そういった統計的な科学よりももっと大切なのは、その人のもつ「気」なのです。それが証拠に、道家道学院に入学して、「気のトレーニング」をしている人たちは、「運気」がまったく変わってしまっているからです。

それまで「陰気」だった人が、「陽気」で「元気」な人に様変わりしているからです。「陽気」とは、「陽の気」に満ちた有様のことですから、「陽気」な人は屈託がなく、生きていることに心の底から深く喜びを感じ、そして喜びの「気」がその人の全身から発散されています。

そうしたわけで、「気のトレーニング」をしている人たちはみな明るくなり、そしてまた若返って、良い人相になっているのです。つまり、見違えるほど「運気」の強い人相や手相になっているのです。

人間の「運気」はその人の体から発信しているエネルギーが大きく影響します。「気のパワー」を学んで、「気のトレーニング」を続けている人たちは皆、「陽気」が全身から出ているうえ、人相にも運勢を邪魔するものは出ていません。顔色も良く、艶も良いのです。それは「気」の流れが良いということです。

ですから、明るい人柄で、仕事も順調で、家庭生活も温かく、運が強い人生を送っているのです。

「気のトレーニング」を続けて、いつも気分が爽快なときは、何をしても、トントン拍子に運ぶものです。これは「陽気」が幸福な「運気」を呼ぶからです。運と幸せがやってくるのです。

そうです。「気のトレーニング」を続ければ、「運気」が変わり、運命が変わっていくのです。

社会的でめざましい活躍をしている人について、よく「あの人にはオーラが出ている」と言いますが、そうした人たちには、みんなに感じられるほどの、明るく元気な「気」が出ているわけです。

「気」のセンサーで決断をしよう

そのように「気のトレーニング」を続けている人ならば、たとえばビジネスマンの場合、スカウトされて、どんなに好条件が提示されたとしても、あまり「気」が進まなかったり、「気」が乗らなかったり、「気」が向かないというような場合ならば、断った方が良いでしょう。

人には動と静、陰陽の変化が常にあります。一日の中でも変化があり、また数年の単位でも変化があります。それは健康であっても、自分自身の体の変化も含めて、人生が大きく動き変化する時と、静かに充実させて守る時があるからです。

歴史上の人物で、いわゆる大願を成就した人は、みな雌伏のときに深く学び、熱心に修行し、心身を充電しながら、「気運が高まる」時がやってくるのを、平静な気持ちで待っていたものです。

ですから、いろいろ挑戦してうまく進まない時や、「気が進まない」時や、「気が向かない」時や、「気が乗らない」時に、むやみに動こうとするようなことは良くないのです。

そして、ふと動きたくなったら、動けば良いのです。

しっかり「気のトレーニング」を続けて、「気」のセンサーを磨いている人ならば、まわりの「気」が動き始めたときに、「あ、今だ！」とわかるものなのです。

そして我執がなければ、乗り遅れることなく、自然にその動きの波に乗れます。

そうして、「気」が乗って転職をするならば、それが大きな人生の転機となって、幸運の人生が開かれていくのです。

第2章

「気」が幸福を運んでくる

「元気」になれば絶好調の波に乗れる

時代が移り、環境がどのように変化しても、そしてどんな社会に置かれようとも、私たちにとって大事な点は、生命エネルギーである「気のパワー」です。

この「気のパワー」が強く、「元気」である時には、危険を察知して、災難などから身を守ることができますが、弱い時には災難などに巻きこまれやすくなってしまいます。

私たち人間が、この地球上で、そして社会で安全に生き抜くためには、ますます「気」を養い、「気のパワー」を強めて、「元気」であることが大切なのです。どんなに優秀な才能を持っていても、「元気」でなければ成功や幸せを手にすることはできません。

「元気」というと、当たり前の簡単なことではないか、と中には思う方もいるかもしれませんが、現代は、一生を「元気」に生きるということがとても難しくなっています。

私たちが一生を「元気」に生きるためには、しっかり体を整え、毎日の複雑な社会の中で、さまざまなことにとらわれず、乗り切る精神的な強さを持たなければならないのです。

「気の巨人」と言われる早島天來先生

体格は小柄なのに、とても大きく感じられる人に、あなたは会ったことはありませんか。

道家道学院を創立した早島天來先生（筆名・正雄）は、まさに、そうした人でした。天來先生については第5章で詳しく述べますが、長年にわたって武術で鍛え抜き、生涯、「気のトレーニング」を続けていただけあって、肩幅は広く、がっちりとして、引き締まった体格でしたが、身長はけっして高くはありませんでした。

ところが、誰も天來先生が小柄な人だとは言いませんでしたし、また、まったく思ってはいませんでした。というのも、みんな天來先生のことをとても大きい人物だと理解し、実感していたからです。

いったいなぜでしょうか。もちろんそれは、天來先生が全身から常に発している、格別に大きな「気」の超パワーのためなのです。

天來先生の肉体としての体はたしかに大柄ではありませんでしたが、「気」の体は、それより桁外れに大きかったのです。

早島天來先生は台湾、中国などの、世界のタオイストの間でもたいへん有名な存在でした。そうした世界のタオイストたちは、「気」の品格がたいそう高く、そしてスケールが格別に大きかった天來先生のことを、大いなる尊敬の気持ちを込めて、「気の巨人」、そして「タオの巨人」と呼んできたのです。

「気」が、十人十色の人たちを作り出している

傍にいてくれるだけで、心を癒してくれる人がいます。それは「気がなごむ人」です。これらの人は明るくてソフトな「気」のエネルギーを発散し、周囲の人をくつろがしてくれるのです。私たちはぜひ、こういう人物になりたいものですね。

　このように元々の、人間に本来備わっている、人間の本性である「元気」は、「陽気」になったり、「活気」に満ちたり、「精気」に溢れるだけでなく、さまざまに変わった姿を見せて、私たちの人格や性格を形成しています。

「気品のある人」という、高い品格を表す素晴らしい言葉があります。美智子皇后さまにぴったりの言葉ですね。

「気宇壮大な人」は、宇宙的なスケールの、大きな夢や情熱の持ち主に対して用いられます。ノーベル賞を受賞された方は、みなそうです。

「気風《きっぷ》がいい人」は、「気」がさっぱりとして、すがすがしく、思い切りが良い人です。

「気の良い人」や「気立てが良い人」は、誰からも好かれる「気」をもっている人です。

「男気（侠気）がある人」は、いじめられている人を助ける、正義感の強い人です。

「豪気な人」は、何物にも屈しない、いうなれば不撓不屈の人です。

「気さくな人」は、親しみやすい、さっぱりしている人。

「呑気《のんき》な人」「気楽な人」「生気が溢れている人」「気がきく人」「気丈夫な人」も

いますね。

「気の置けない人」もいます。こういう人は「気遣いや遠慮などをする必要がない人」という意味で、けっして「油断のならない人」という意味ではありません。

まさに十人十色ですが、「気」が暗かったり、弱かったりする人たちもよく見かけます。

まわりに「陰気な人」がいれば、自分も、どうしてもその「雰囲気」を受けてしまいがちです。クラスや職場に、そんな人がいたら、自分の「気のパワー」を高めて、その影響を受けないようにし、そして自分の強くて大きな「気」で、その人を明るく変えていくと良いのです。

「気」と「意気」と「粋」の不思議な関係

活発で、エネルギッシュで、「元気」が溢れるばかりの人について、「あの人はいま意気盛んだね」などと言います。

この「意気」という言葉は、「おやおや、そんなに意気がるんじゃないよ」とか「すごい意気込みだねえ」とか「なんて意気地《いくじ》がないの」「おや、意気揚々と現れたね」「あら、意気消沈しているの？」「いやあ、今は意気があがらないんだよ」などとも用いられます。

「意気」は、気持ちに張りのあることを指す言葉です。

この「意気」が「粋《いき》」となって使われてもいるのですから、「気」とはとても興味深いものです。

「粋」という言葉は、「あの人は、粋だねえ」とか、「まあまあ、そんなに粋がって」「なんとも粋な決め台詞《ぜりふ》だ」などと用いられますね。垢抜けして、色っぽいことを指します。

夜空に美しく映える、東京スカイツリーの照明も、江戸の美意識を表現するために、この「粋」と「雅《みやび》」をコンセプトにしているのだそうです。

東京オリンピックの、組市松紋を藍色であしらったエンブレムも、「粋な日本らしさ」を表現したものです。

日本文化、そして日本人の感性を代表する概念のひとつが、この「粋」であると言われていますが、「粋」は「意気」に由来しているのです。

このことを細かく分析しているのが、哲学者である九鬼周造氏（一八八八～一九四一）による、日本人論の名著として知られている『「いき」の構造』です。

また、日本の語源についての、国語学者の賀茂百樹氏の研究によると、「生きの気」→「息の気」→「息気」（いき）になったそうです。

そしてさらに、「息気」→「意気」になり、それが分化して「粋」へと転じていったというわけです。

この仕組みから、「呼吸」が「気のパワー」によって、「生き方」と「文化」、そして「社会」にまでつながっている壮大な構図が見えてきます。

「気」とは、このように、千変万化し、そしてダイナミックに生きている、広大な生命エネルギーにほかならないのです。そしてその「気」の働きはまた、日本文化や日本人の心性に大きな影響を与えてきたことがよくわかります。

「穢れ」は、本来「気枯れ」だった

七五三などで神社にお参りする時、神主が祝詞《のりと》を奏上します。

その祝詞で「罪穢れを祓え給え、清め給え」という言葉を耳にしたことはありませんか。

この「穢れ（けがれ）」という言葉は、本来は「気枯れ」なのです。つまり、人に「気」のエネルギーが弱まって枯渇してしまうと、その有様は「汚れた」ものになるということを古来、人は理解していたのです。

そしてまた、「気」とは、垢にまみれたり、ほこりだらけの、汚れたものではなく、本来は清浄で、すがすがしいものだということを知っていたわけです。

さらに、その汚れた状態を払い清めるというのは、「気」のエネルギーを甦らせることにほかならないと承知していたのです。

人が何かのショックで「気」が不足すると、「気」を失ったり、「気絶」してしまいます。

また、「気」が触れたり、「気」がおかしくなったりしていた人が元に戻ったことを「正気に返った」「正気に戻った」と言います。

このように古来、人は「気」が正しいことが本来の姿であり、自然な状態であることがわかっていたのです。

ですから、「気のトレーニング」、「気の修行」を熱心に続けて、「気」を磨き抜いた人は、「気力」が充実しているだけでなく、すがすがしい、清浄な「気」を発散する、「雰囲気の良い」、そして「気品」溢れる、「気高い」人となるわけです。

「もののけ姫」の正体は「物の気」だった

「妖怪ウオッチ」「ゲゲゲの鬼太郎」の人気に見られるように、現代の日本人は妖怪が大好きです。かつては暗闇に潜んでいて、人々を恐怖させた妖怪たちが、今ではお茶の間にまで進出し、家族みんなの人気者になりました。

今ではヒーロー扱いまでされる、そうした妖怪や、化物（おばけ）、幽霊、生《い》き霊《りょう》などをくって言う言葉が「もののけ」です。そう、世界で大ヒットを記録した、あの宮崎駿監督のアニメ映画『もののけ姫』の「もののけ」なのです。

この「もののけ」は、ふつう漢字では「物の怪」と書きますが、本来は「物の気」です。つまりそれは、もともとは「物」や「者」に宿っている、目には見えない「気」のことでした。

それが平安時代の頃には、身体が衰弱したり、病気を患ったり、精神が不安定になったり、お産の際などに、心の中にするりと忍び込んでくる「気配」のことを指すようになりました。

やがてそうした、体の衰弱している人や、病人や、精神不安定な人や、出産の人たちには、不気味で怪しい生き物である「もののけ」が付きまとっていると見なされるようになりました。そして、それらの生き物を僧侶や修験者などが退散させたり、退治をするために、加持祈祷がなされたりしたのです。

この「もののけ」退治といえば、小説や映画で今やおなじみとなった、陰陽《おんみょう》師《じ》の安倍晴明《あべのせいめい》（九二一～一〇〇五）を、思い浮かべる方も少なくないでしょう。

平安時代中期に紫式部によって書かれた、世界最古の長編小説ともいわれる『源氏物語』にも「もののけ」が出現します。

それは、六条御息所《ろくじょうのみやすどころ》の生き霊が葵の上に取り憑く有名な場面です。この生き霊が「もののけ」にあたります。

また、夕顔が怨霊に取り憑かれて、某院《なにがしのいん》で息絶えた、同じく有名な場面に出てくる怨霊も、「もののけ」というわけです。

興味深いのは、「ゲゲゲの鬼太郎」では「ぬりかべ」（大きな塗り壁です）や「一反もめん」（白い反物です）といった人工的な物体が、鬼太郎を助ける愛すべき妖怪として、独特の個性と人格を持って活躍していることです。

妖怪を描いた、鳥山石燕作の画集『画図百鬼夜行』（一七七六）などにも、長い年月を経た、古道具をはじめとするさまざまな物が、妖怪の付喪神《つくもがみ》（九十九髪《つくもがみ》）として生き生きと描写されています。

こうしたことから日本人は、生き物でない物体も、生きている者と同様に、独特の「気」を発していると考えていたことが推測できます。

つまり日本人は、大自然や、水、土などの特有の「気」を感じ取るだけでなく、人工的な物体にも、個々の「気」を感じ取り、それらと「気」で通じ合っていたということがうかがえるのです。

大自然の「気」には癒し効果がある

日本には四季の魅力を詠んだ、素晴らしい和歌が少なくありません。

春は花　夏ほととぎす　秋は月　冬雪さえて　すずしかりけり

【訳】春を代表するのは桜の花、夏はほととぎす、秋は月である。冬は雪が冷たく冴え切っていて、本当に四季のめぐりはすがすがしいものである。

これは道元禅師（一二〇〇～五三）が詠んだ、有名な歌です。

春夏秋冬と推移する、日本の代表的な四季の景物を淡々と取り上げながら、そこにすがすがしい気配を感じ取る、清浄で、澄み切った心境を表しています。

私たちの生きているこの世界には、「気」という宇宙エネルギーが偏在しています。ですから私たちの「気」が充実して、生き生きとしたものならば、大自然の「気」とつながり、たくさんの事物が発している多彩な美しさや、そこに潜んでいるさまざまな魅力を、素直に実感し、心ゆくまで堪能できるものなのです。

ところが、四季折々の花々や景色を愛《め》でる気持ちが湧いてこない、それどころじゃない、という気分の人もいるようです。

そういった気分が落ち込んでいる人や、自然や植物の美を素直に感じ、楽しむことのできないような人は、「気」のエネルギーが乏しくなっているのです。

ですから、ぜひ「気のトレーニング」をしてください。

緑に溢れた森林を訪れ、自然に親しみ、爽やかな空気を堪能する「森林浴」には、「気分」を良くし、楽しくし、心をリラックスさせ、ストレスを解消する、癒し効果があると言われています。

医学的に見ても、それは心身両面に良い効果をもたらすことが報告されていま す。自律神経機能を安定させるためです。また癌の予防につながる細胞が活性化されるそうです。

森林から発散されている、独特の匂いは、私たちを「気持ち良く」してくれますが、その成分であるフィトンチッド、そしてマイナスイオンが、その森林浴の効果をあげているという研究も報告されています。

「気のトレーニング」をしてから森林浴に出かければ、それまでの「気」の不調も癒され、限りない大自然の魅力も感じられることでしょう。

ヒーリングスポットは「気」に包まれている

最近、ヒーリングスポットとかパワースポットという言葉をよく見かけるようになりました。

こうした場所の多くは、清浄な「気」のエネルギーに包まれていて、訪れる人たちの「気」を落ち着かせ、そしてまた、その人の「気」の流れを整える働きがあるため、多くの人を惹きつけるのでしょう。

アメリカのセドナ（アリゾナ州）とか、日本最大のパワースポットと呼ばれる屋久島とか、最近では明治神宮の「清正の井戸」などが有名です。

私も、道家道学院のメンバーたちと、屋久島を数回訪れ、清らかで荘厳な「気」を浴びながら、「気のトレーニング」に励んだものです。

難病も治る、奇跡の水として有名なのが、フランスの「ルルドの泉」です。そこには世界から年間五〇〇万人もの巡礼者が訪れています。

道家道学院には、九州の英彦山《ひこさん》（福岡県）に修行道場があります。英彦山は古代から神体山として信仰され、また修験道の霊山として知られています。この英彦山と、羽黒山（山形県）と、大峰山（吉野～熊野、奈良県・和歌山県）が、日本三大修験霊山と呼ばれています。

そこは五三一（継体二五）年に北魏の僧、善正上人が仏教布教のために来朝し、開山したといわれていますが、善正の実像は神仙（道家）であることが近年の研究では指摘されています。奈良時代に、英彦山中興の祖といわれる法蓮上人は、天皇から、医術で人々を救ったということで、その功績を讃えて二度の表彰を受けていることも、『続日本紀』に記述されています。

英彦山は、平安時代以後、神仏習合による日本の三大修験霊山と呼ばれるようになる歴史の中で、非常にタオイズムとは深い縁のある山といえます。

そこを訪れた人は、その開山以来の歴代の修行者が守ってきた、真摯で清浄な「気」のエネルギーを浴びることができるのです。

この道場には日本最大の老子像が安置されています。「太上老君《たいじょうろうくん》」として信仰を集める老子様は、お参りする人を護り、尊い「気」のエネルギーを発散されています。

また各地の道家道学院を訪れる人たちは、みな、「ここは明るくて、気分が良くなる。ずっとこのままいたい気になる」とおっしゃっています。それはもちろん、「元気」と「陽気」の、暖かくてすがすがしい、大きな「気」のエネルギーが、総本部をはじめとする道学院には凝縮され、そしてまた拡散されているため、心身がリフレッシュされるからです。

暖かい「気」を発している円空像

優れた仏像や神像は、気高い「気」を発しているものです。

福島県いわき市にある、道家道学院の総本部の庭には、円空像を祀ったお堂があります。

なんの力みもなく、独特の、柔和な微笑みを浮かべている、この大きなお姿に接する人は「ほんとうに素晴らしいですね」「気持ちが安らぎます」などと、なんとも気分の良さそうな表情で、口々に語ります。

それは円空像が発する、「無為自然」の、ほの暖かい「気」を感じとっているからです。

現在の岐阜県羽島市に生まれた円空（一六三二～九五）は、ナタとノミを携え、東海地方、関東地方だけでなく、東北地方や北海道まで歩き回った仏師兼僧侶です。十二万体の仏像を彫ることを祈願したと伝えられ、これまでに五三八〇余体が見つかっているそうです。

それらの仏像は、丸太をナタでばっさりといくつかに割って、その割った面を生かしながら、ナタとノミで大胆に彫り上げた独特のもので、素朴で荒削りですが、深い慈愛に満ちた表情を浮かべているのが特徴です。

円空は、お像を掘る予定の木や材木を見ていると、そこに仏様の顔と姿が浮かび出てきて、それをそのまま彫り進んだのだと言われています。

円空は修験者として、修験の山や寺院や、山奥にある洞穴や、大きな岩の上で修行をしました。

修行を行っていない時には、各地の村々などを歩き回って庶民の声に耳を傾け、人々が貧しさや病気や災害などの苦しみから免れるようにと、強くて熱い「気」を込めて、観音菩薩像や、阿弥陀如来像や、薬師如来像や、不動明王像や、竜王像などを次々と彫ったのです。

そのとき円空は、木のうちに潜んでいた、そうした仏様の「気」を感じて、それを一気に形にしていったのでした。

そのようにして彫りあがったお像は、人々を災厄から守る、優しくて力強い「気」を発散していますから、それを拝む人は温かくなごやかな、大きな「気」で包み込まれるのです。

こうして円空像は、これまで約三五〇年にわたり、多くの人によって大切に守られてきたのです。

「シンクロニシティ」を起こす「気」の働き

あなたは、消息不明の友人のことを、なんとはなしに思い浮かべていたところ、突然に、その友人から電話があって、話をしていると、懸案だった事柄のヒントが得られたような体験はありませんか。

また、小学校のとき親しかった同級生が海外の学校に転校し、長いこと会っていなかったのに、誘われて出かけた観光地で思いがけなく巡り合い、それからはたびたび連絡を取り合うようになったというような体験はありませんか。

そのように、単なる「偶然の一致」とかたづけることのできない現象が、私たちの周りには少なくありません。

あなたも人生の節目では、必ずと言ってよいほど、そうした「偶然だよ」とは言い切ることのできない出来事に遭遇して、「それはけっして偶然ではない。そこには深い意味があったのだ」と思われてならないのではないでしょうか。

そうした現象のことを、精神科医であり、分析心理学者のカール・グスタフ・ユング（スイス生まれ。一八七五〜一九六一）は「シンクロニシティ」（共時性）と名づけました。

ユングは、「人も物も事も、すべてはつながっている」「内と外はつながっている」と理解して、この理論を打ち出したのですが、そのように不思議の糸で結びつけているもの、それこそが目に見えない「気」の働きなのです。

「シンクロニシティ」は、このため「意味のある偶然の一致」とも言われています。そのいくつかの例をご紹介しましょう。

「気」の力が「銭形平次」を誕生させた

名探偵シャーロック・ホームズといえば、言わずと知れた、映画やテレビでも人気を博している、世界で知られる推理小説の主人公です。それに劣らぬ人気を日本で誇ってきたのが、投げ銭が名人の目明《めあか》し、銭形平次です。

『銭形平次捕物控』はたびたび映画やテレビドラマになり、銭形平次はお茶の間の人気者となりました。その原作者である野村胡堂氏（一八八二～一九六三）のエピソードです。

捕物帳の小説を執筆してほしいという依頼が文藝春秋社の編集長からあって、どんな主人公にすればよいか、野村胡堂氏はあれこれ構想を練っていました。

鎌倉の自宅から新橋の同社まで、二時間ほどかけて電車でやってきていた胡堂氏は、その往復の間に、主人公を町の目明しにするというインスピレーションが、ついに湧いてきました。

それは小石を投げる名人で、エイッと投げれば百発百中なのです。

これだ！　と、その抜群の着想に思わず手を打った胡堂氏でしたが、小石のまでは芸がありません。そうだ！「四文銭」ならば、目方といい、手ごたえといい、ぴったりではないか、投げてみれば、相手の戦闘力を一時的に完封できる、と胡堂氏にはさらに「投げ銭」のイメージが膨らんできたのです。

こうして、「投げ銭」名人の目明しという、主人公の構想が見事にまとまりました。

次は、その「銭」を投げる目明しのネーミングです。胡堂氏が、どうしようかと思案しながら、出版社の編集局の二階の窓から、ぼんやりと空を見ている、まさにそのときのことです。

春がすみの中に、ビルの鉄骨が組み上がっているのが、ふと目に入りました。その上に、「設計、施工、銭高組」という大きな文字がくっきりと浮かんでいるではありませんか。

「おや、あんなところにも、『銭』という字が書いてある。」

胡堂氏の脳裏に、この「銭」という字がはっきりと刻まれたのでした。

このようにして、主人公の名前は、その「銭高《ぜにだか》」がヒントになって「銭形《ぜにがた》」となったのです。

そして、平民（今でいう庶民のイメージです）の次男という連想から、平次と名づけました。

寛永通宝をエイッと投げて悪人をたじたじとさせ、見事、難事件の解決へと導く、気風《きっぷ》の良さで知られる、人気者の銭形平次は、かくして偶然の出来事のおかげで誕生したのです。その偶然は、まさに「意味のある偶然の一致」なのでした。

「気」の力を証明した「スウェーデンボルグの千里眼」

「スウェーデンボルグの千里眼」として有名な出来事があります。

スウェーデンボルグ（科学者・神学者。一六八八～一七七二）がイギリスから、スウェーデンの都市イェーテボリにやってきて、夕食会に招かれていたときのことです。

真っ青になっているスウェーデンボルグの姿を見て、みな驚きました。

その彼は間もなく「今、ストックホルムで大火事が起きている。」と口を開いたのです。

しかも、同席していた友人に「あなたの家は灰燼に帰した。わが家にも危険が迫っている。」と告げましたが、しばらくたって、「火事はわが家から三軒前で消えた！」と、大声で叫んだのでした、

あくる日、スウェーデンボルグは知事に火事の光景をつぶさに話しました。そしてその翌日、ストックホルムからやってきた通商局の使者の報告から、スウェーデンボルグの語った内容がまったく正確であったことが皆に知らされました。

つまり、スウェーデンボルグは、約四八〇キロメートルも離れているイェーテボリの地から、自邸のあるストックホルムの大火事の光景をまじまじと見ていたのです。

そのシンクロニシティを媒介するもの、そしてそこに潜んでいるパワーこそが「気」なのです。

また現在、道家道学院で学んでいる三十代の女性は、料理の本を探そうとして、書店に立ち寄り、店内を歩いていたら、関心を持っていた「タオ」の文字が題名に付いている本が目に飛び込んできたそうです。

そして料理本のコーナーには行かずに、その『タオで生きぬく』（学研刊）の

本を買って、自宅で読み始めたところ、「私の求めていたものは、まさにこれだ！」と思い、著者の私が学長を務める道家道学院にすぐに連絡をつけて、やってきて、それから運命が明るく変わったのでした。

これもシンクロニシティの一例です。

このように「気」は、いかなる距離ものともせず、空間を自由に飛び交い、人と物と事を透明な不思議の糸で結び合わせて、さまざまな現象を引き起こす、まさに驚異的な働きをしているのです。

優れた俳句は「気」を見事に捉えている

日本の俳句はＨＡＩＫＵとして世界で人気を集め、アメリカの小学校でもＨＡＩＫＵが教えられています。「クールジャパン」(カッコいい日本)として、今、マンガやアニメや和食などが世界で注目を浴びていますが、俳句は「クールジャパン」のさきがけと言えるでしょう。

俳句はご存知の通り、五・七・五の十七音から成る定型で、季語がつきものですが、英語俳句（ＨＡＩＫＵ）の場合は、短い三行の形式の詩で、十七音節の中に、季節や自然のイメージが盛り込まれます。

私は優れた俳句の特質は、「気」の妙味を捉え、風趣豊かに、生き生きと表現しているところにあるのだと考えています。つまり「気韻」に溢れて生動しているのです。

次に掲げる名句を、ご一緒に見てまいりましょう。

古池や蛙《かわず》飛びこむ水の音　　松尾芭蕉

【訳】古い池、その光景が目の前にくっきりと思い浮かんでくる。蛙が飛び込む水の音を耳にして。

作者の松尾芭蕉（一六四四〜九四）は一人で部屋にいたのでしょう。そのとき、静寂を破って、ふと、ポチャンという水の音が耳に入ってきました。その「気配」から作者は蛙が飛び込んでいる姿を連想しました。

そしてさらに、その古池のたたずまいと、その古池が持っている長年の歴史や、わびさびの味わいや、周りの風趣豊かな、苔むした庭の光景を、一瞬のうちに思い浮かべているのです。

こうして、この句は読者に、ささやかな出来事の「気配」から、たちどころに、別の情景を思い浮かべさせ、そしてその背後には、もっと大きな悠久の世界が広がっているということを気づかせているのです。

それをつなぎ、結ぶ架け橋となっているものこそが「気」なのです。

宇宙が響き合う、天地自然の「気」の妙理

微細なものや、さりげない出来事でも、それを「気」を通して、透徹して見ていくと、大宇宙の、無限の、そしてじつに豊かな世界にまでつながるわけです。

ほかにも素晴らしい俳句が知られています。

閑《しず》かさや岩にしみ入る蝉の声　松尾芭蕉

【訳】私の心は、なんと閑かなことだろうか。岩に沁み入るように鳴きしきる

蝉の声が聞こえてきても。

山路来て何やらゆかし菫草《すみれぐさ》　松尾芭蕉

【訳】山道を歩いて、ひと休みをしようと思って足元を見ると、すみれ草が咲いている。そのたたずまいに、なんとなく懐《ゆか》しい気持ちが湧いてくる。

秋深き隣《となり》は何をする人ぞ　松尾芭蕉

【訳】秋が深まり、野山がどことなく寂しくなってくると、人恋しさがつのり、隣人のことがつい気になってくる。

春の海ひねもすのたりのたりかな　与謝蕪村

【訳】目の前にあるのは、のどかな春の海だ。一日中、のたりのたりと波打っている。

いかがですか。このように、優れた俳句とは、さりげない「気配」に目をとめ、そして時間や空間を軽々と超えて、そこに潜んでいる、天と人と地が織りなす宇宙の営みの中に深く没入しているものではないでしょうか。

そして人や事や物がもつ、独特の「気」の本質を読み解いているのではないでしょうか。

そのことによって、ありふれたことが、スケールの限りなく大きな、悠久の世界につながり、風雅豊かで、心に響くものに感じられてくるのです。

そうした名句は、宇宙が響き合う、天地自然の「気」の妙理を、ごく短い文字で見事に表現していますから、それらの句を味わう私たちには、大自然が四季折々に奏でる「気」のハーモニーや、生きとし生けるものが歌い上げる「気」の賛歌や、人々がさまざまに綾なす、人生の機微を感じ取ることができるのです。

「気」で危険や災難を察知できる

東日本大震災だけでなく、その後も日本は、温暖化の影響で猛暑が続くほか、ピンポイント豪雨や、大型台風、火山の爆発、竜巻、洪水、地震といった、さまざまな風水害に見舞われています。また、熱中症、新型ウイルスなどに襲われています。今は天地自然の「気」が乱れていますから、そういったいろいろなことが起きるのです。

そうした社会の一員であるあなたにも、いつ自分や家族や友人の身に危機が迫ってくるか、わかりません。

「気のパワー」が強い時は、未然に危険に気づいて、災害や災難などから身を守ることができますが、弱い時には災害や災難などを察知できず、それに巻き込まれやすくなってしまいます。その分かれ目において、大きな働きをしてくれるのが、だれもが持っている「気のパワー」なのです。

危難や災難が起きそうな時に、「気」の微妙な変化を未然に察知し、知らせてくれる、その「気のパワー」のことを、一般に「第六感（シックス・センス）」とか「虫の知らせ」と呼んでいます。

私たち人間が、地球上で安全に生き抜くためには、ますます「気」を養い、宇宙エネルギーである「気のパワー」を強めて、「元気」であることが何よりも大切なのです。

体が鋭敏な「気」のセンサーとなってくれる

災害や危機から身を守る「気のパワー」、すなわち「第六感」とか「虫の知らせ」について、私に相談してきたのは、四歳の娘のMちゃんがいるSさんです。

仕事を再開して、Mちゃんを保育園に預けているSさんは、夏から秋の大雨の時に、Mちゃんを預けて自分が仕事に行くのに、何度かためらったことがありました。

それは、たびたび、ひどい嵐に見舞われた年のことです。

Mちゃんは日頃保育園が大好きで、駄々をこねることなどなく、毎朝お友達と遊ぶんだといって、保育園に出かけていたのですが、その日の朝は、Mちゃんがどうしても保育園に行きたくない、と言うのでした。

Sさんは、風邪でもひいたのかと思ったのですが、熱もなく、朝御飯を普通に食べていたので、たんなる娘のわがままととらえて、いやがるMちゃんを無理に送って保育園に行かせたのです。

ところがお昼頃に、「大雨の影響で近くの川が氾濫するかもしれないから、お子さんを迎えに来てください」と、Sさんに保育園から連絡が入り、あわてて仕事を早退して、迎えに行くことになりました。

Sさんは、あれは娘がその日の大雨を予感していたのかな、と思うのでした。

Mちゃんの「気の予感」は、もうひとつあります。

台風が来ていたとき、「大雨警報が出て電車が止まる可能性があるので、Mちゃんを迎えに来てください。」と、保育園からSさんに連絡がはいったのです。

そんなことがあって、「これからは、娘がいやがるときは、どうしたらよいか、うかがいたいのです。」とSさんから尋ねられたのでした。

子供は「気」を素直に感じやすい

私は子供の「気」を理解してあげることの大切さについて、こう述べました。

「では、これからは、お嬢さんによく話を聞いてみたらいいですね。親がその子供の素直な『気』を理解して、信じてあげたら、きっと、『気』を大切にし、天地自然の流れに沿って、人生を開くことのできる、すばらしい大人に成長されることでしょう。」

続いて私は、無為自然の「気」について語りました。

「お嬢さんは『気』がわかるのです。あなたが道学院に入学されてから妊娠、出産された子供さんですから、お腹の中から『気』を感じて、成長してきたのですよ。天地自然の『気』を大切に感じるお嬢さんなのだと思います。

だいたい子供というのは、みなそうなのです。でも大人が、いやそれはおかしい、そんな嘘を言って、と相手にしないので、だんだん『気』を感じても口にしなくなり、そのうちに成長して感覚が鈍り、自分自身も、常識や人の言うことに優先順位を持つようになって、無為自然の『気』を感じなくなってしまうのです。」

Sさんは私の言葉にうなずきながら、こう述べました。

「そういえば、私も実は子供の頃によく、今日は雨が降るよ、って言うと雨が降ったり、ここはダメだよ、行かない方が良い、と言った道で交通事故があったり、というようなことがありました。私も子供の頃は『気』を感じる子だったのです。でも母はまだしも、父はそんなバカなことを、と言って相手にしてくれなかったので、だんだんそんなふうに思ったりしなくなったのです。ですから、せっかく子供が持っている素直な『気』を感じる感性を育ててあげたいと思います。」

この対話からおわかりのように、素直な子供や、素直な人は、「気」を感じ取りやすいのです。

今の時代は事故に遭わないためにも、また災害から身を守るためにも、「気のトレーニング」で、自分自身の「気の量」を増やし、高めることが必要になっています。

「気のパワー」の強い人は、天地自然から生かされますから、危険から身を守られます。そしてしっかり「気のトレーニング」を続けていると、その「気」が家族にも影響して、お子さんやご両親が危機一髪のところで守られた、というようなこともあります。これが自然の摂理なのです。

「気」によって危険を予知する「三脈の法」

「気」による危険の予知法があります。早島天來先生は、それによって生命の危機から逃れたことがありました。

天來先生が東京の西新宿のＮＳビルの下を、道家道学院のメンバーたちと歩いていたときのことです。

突如、先生の大声が聞こえました。「逃げろ！」。

その直後、まさに先生たちが走り去った時、ビルの上から、そこに大きな看板が落下してきたのです。

先生たちは間一髪で直撃をまぬかれ、命拾いしたのですが、それは死者も出るほどの大事故であり、新聞でも報道されました。

その事故のあった日の朝、天來先生は、ある危険の予知法を行って、危険を感じていました。そのおかげで、先生とメンバーたちは危険を避けることができたのです。

その危険の予知法とは、次に紹介する「三脈の法」です。

三脈の法

左手首の脈を右手で握ります。手は左右逆でもかまいません。

あごの下の左右の脈を、左手の親指と人差し指で押さえます。
この状態で、手首とあごの下の三点の脈を同時に見ます。

この「三脈の法」は、毎朝、家を出る前に行うのが良いでしょう。
安全な場合は、この三点の脈が一致していますが、乱れているならば、身近に危険が迫っているというサインですから、そうした場合には、遠出を避けたり、車に乗らずにすませたりして、極力、危険を回避してください。

不運を呼び込んでいる「陰気」な人

私たち人間は、この宇宙の一部として生かされ、天地の「気」の流れの中で人生を送っているのですから、その顔つきや動き、発している「気」そのものが、その人の人生の運不運に大きな影響を与えるということは、すでによくおわかりいただけたと思います。

ある日、相談にやってきたのは、広告関係の会社に勤める二六歳の女性のU

さんです。このUさんは、昔からどうも運に見放されているタイプです。いつも自分だけ損をします。

たとえば、数人の友人と観光地に旅行で行って、同じ店でみんなが同じような素敵なコーヒーカップを買ったとき、家に戻って包みを開けると、なぜか、ごく小さなひび割れがあったのです。

友人に聞いたら、もちろんひび割れはないと言うのですが、Uさんの買った品はどこかで割れてしまったか、気づかない不良品だったのです。

また別の集まりで、みんなで同じ商品を買った時、他の人にはキャンペーンの可愛いフィギュアが添えられていたのですが、Uさんの分だけは、どうしたわけか、ついていなかったということが後でわかったのです。

Uさんはまた、「私、不潔な人が大嫌いなんです。電車で、フケだらけの頭をボリボリかいている人なんて許せません！」と言います。なんでこの公衆の場で、そんな不潔な行動をとるのか、そう思うと腹が立つのです。

もう側にいるのもいやで、許せない！　と思って車両を移動すると、そこには、ごほごほと、マスクもせずにハンカチで口を覆うこともしないで、堂々といやな咳をする人がいたり、平気で鼻くそをほじっている人がいたりして、そんな人から逃げながら、先頭車両まで避難するなんてことも、たびたびです。

Uさんは、「どうして私だけ、そんないやな光景を目にしてしまうのでしょうか？ そして、こんなふうに一人だけ運が悪いのでしょうか。なにか悪いものにとりつかれているのでしょうか？」と嘆くのでした。

Uさんのような、運に見放されているタイプの人が、あなたの周りにもいませんか。

私はUさんに向かって、はっきりと、「あなたはだいぶ陰気ですね。」と告げました。そうです。Uさんが「運が悪い」というのは、Uさんが「陰気」であるためなのです。

「陽気」の塊である赤ん坊から学べること

人間は本来、生まれてきた時は、天地自然からたくさんの「気」をいただいています。そうして「陽気」の状態で生まれてきます。ですから、赤ん坊は「陽気」

の塊です。

お腹がすいたとき、おしめが濡れたとき、体調が悪くて苦しいとき以外は、泣きません。黙ってほほえみをたたえた、かわいい顔で寝ているか、目をあけてニコニコしています。それがタオイズムの「無為自然」の状態なのです。

ところがUさんは、その赤ちゃんの「無為自然」とは正反対で、いつもぴりぴりとして、神経をとがらせ、不潔なものを毛嫌いしています。この毛嫌いというのが、良くないのです。

Uさんが強く抱え込んでいるのは差別観です。不潔なものは、絶対いや、そばに寄らないで！　という、この強い差別観がSさんを「陰気」にして、その「陰気」が不運を呼びこんでいるのです。

Uさんが放つ、その強い「陰気」が、一番嫌いなものを引き寄せ、さらには不運を引き寄せてしまうのです。わかりやすく言うと、不潔を嫌うから、これでもか、これでもかとばかりに、不潔なものがSさんに寄ってきて、困らせてしまうのです。

ですから、Uさんにとって大切なことは、その「陰気」を放《ほ》かして、「気のトレーニング」をしっかり行うことです。

そうすると、体内の「気」が充実して、自然に「陽気」になるのです。「陽気」は「良い気」を引き寄せますから、明るい人や、またお金も集まってきます。こうして、自然にUさんのまわりには幸運が集まってくるのです。

絶好調の人は「気」が散漫になりやすい

「気のトレーニング」をしていて、これまで絶好調だったのに、なぜか急に不調になった、という人も見られます。それはいったい、どうしてでしょうか。

その人は、アパレルメーカーに勤めている、二八歳の女性のOさんです。

Oさんは、海外出張もうまくいって、仕事もプライベートも、それこそ絶好調の波に乗っている感じでした。ところが、急に会社でのちょっとしたミスをきっかけに、クライアントとの関係でも誤解が生じ、社内でも評価が急に悪くなったような気がしたのです。

付き合っていた彼とも、なんとなくうまく行かなくなって、もう絶好調が、絶不調に真っ逆さま、という状況に変わってしまっていたのです。

Ｏさんは、「まるで、何かにとりつかれたみたいに、反転してしまったのです。」と嘆いています。Ｏさんには、ときどきそういう時があるのだそうです。

「こういうことが起きなくなるには、いったい、どうしたら良いのでしょうか？」と、困ったＯさんは、私に質問をしてきたのです。

私はＯさんの目を見ながら、ズバリと告げました。

「その理由は、うぬぼれです。もともとあなたは頭も優秀だし、気もきくタイプですね。仕事はできるでしょう。でも、ちょっと『気』の遣い方に問題があるのです。それは仕事がうまく行っているときに、つまりすべてが自分の思うように流れているときに、うかれてしまい、『気』が散漫になってミスをしやすいということです。」

するとＯさんは、小さくうなずきながら、

「そう、先生、その通りなんです。私ってすごく調子が良いと、次に必ずつまらないミスをして、それが重大な事件になってしまうのです。」と言いました。

あなたは、このＯさんの例をどのように思われましたか。

Oさんのように、少なからぬ人が、絶好調のときには、ちょっとのぼせてしまい、足が地につかなくなるものです。

ビジネスマンならば、仕事で良い成果をあげると、調子に乗って、上司やクライアントに、ちょっとよけいな一言を口に出してしまったりします。

仕事だけでなく、恋愛もそうです。うまく行っているときに、ふとミスをしやすいものなのです。

とはいえ、そんなクセはもちろん直すことができるのです。なぜならば、その絶好調から絶不調への大きな変化は、うぬぼれ、慢心から来ているからです。

そのうぬぼれ、慢心が、「気」をたかぶらせてしまい、「気」の流れを偏らせ、歪めてしまっているのです。

「気」の流れを整え、元気を保つコツ

物事がうまく行くことを喜ぶのはよいことですが、喜びすぎて、慢心になって

はいけないのです。慢心とは、謙虚さを忘れて、なんでも世の中が思い通りになると思い込んでしまう、おごりの「気」にほかなりません。

この世の中で、仕事も恋愛も、そして人生すべてが、うまく行くとか、すべてが不調になるということはありません。こうしたことは天地自然の流れそのものなのですから、人間一人の力ではどうにもならないものです。その天地自然の変化の波のなかで生かされているのが、私たち人間なのです。

ですから、仕事がうまく行っても、「気」を高ぶらせたり、むやみに浮かれたりせず、また逆に失敗しても、「気」を落としたり、むやみに落ち込んだりしないで、素直に天地自然の流れに添って、素直に生きるということが大切なのです。

それはけっして、うまく行ったときに喜ばないということではありません。もちろん、うまく仕事が運んだら喜んでよいし、嬉しく思うことは当然です。ただし、喜びすぎないことが大切なのです。

一つうまく行ったからといって、それは仕事のほんの一部でしかありません。これから先があるのです。これで終わりでない、ということを知ることです。

なんにでも夢中になれ、真剣になれるのは良いことですが、夢の中に入り込んでしまってはだめなのです。あわてず、夢中になりすぎず、気持ちを落ち着けて、物事を冷静に見られるようになりましょう。

そして、「気のトレーニング」に励んで、心身の「気」を調え、体内の「気」の流れを整えると良いのです。

第3章 明るい「気」のコミュニケーション

人間関係を支えてくれるのは「気のパワー」だ

私たちは自分で生まれてきたのではなく、天地自然に命をいただいて、この世に生まれてきたのです。

そして、自分のもっている個性を生かして、人生を楽しく生きるためには、天地自然の「気」の流れを大事にして、人間社会でその「気」を活用して生きることが、もっとも大切で、幸せな生き方なのです。

その「気」を活用して、私たちは、

「ああ、おかげさまで気が晴れ晴れとしてきました。」

「ねえ、元気を出そうよ。」

「どうぞ、お気を落とさないでください。」

などと、目の前の相手に対して、「気」のこもった言葉で交流をします。

このように、「良い気」の交流をすれば、好ましい人間関係が築けます。

みんなの「気」がなごみあい、その場に満ち溢れている有様を表す「和気藹々《あいあい》」という素敵な言葉があります。道家道学院で、みんなが動功術のトレーニングを行っている光景は、まさに「和気藹々」という表現がぴったりです。

好ましい人間関係を築く上で特に勧めたいのは、聞き上手になることです。

みんな、自分の言いたいことを誰かに聞いてもらいたいのですから、あなたが聞き上手になって、話に耳を傾けてあげれば、相手はそれだけで満足するものです。そして満足をすれば、あなたに好感を持ち、あなたに向かって良い「気」が流れ出してきます。

こうして、「気が通じ合い」、そして相手はあなたに「気を許す」わけです。

外国人観光客が増えてきた日本で、最近、もてはやされている言葉が「気配り」と「おもてなし」です。こまやかな「気配り」が、無理なくできるのが、日本人の特質とされているのです。

「気」があなたの天分を生かす

世の中には「絶世の美人」とか「世界一の天才」と謳われる人がいます。

人間には、そのように容姿がキレイに生まれた人や、頭の回転が早い人だけでなく、話すことが上手な人や、集中力のある人、陽気で職場を明るくする人、そして事務処理が手早い人、飲み会やコンパを取り仕切ることが上手な人、後輩の面倒見がいい人、すごく頭が切れる人、独特の発想ができる人、頭が柔軟な人、そして根気強く粘り強い人などがいて、百人百様です。

指紋はあらゆる人が異なり、また生涯不変だと言われていますが、人はすべて、唯一無二の存在として、それぞれ固有の特徴をもって、天よりこの世に生み出されてきたのです。それを「天分」と言います。

どんな人も、天地自然に生み出されたことに変わりはありません。もちろん、みんな両親のもとに生まれたのですが、実はそのもっと大きなところで、天地自然、この宇宙によって、「気」、つまり命の元である宇宙の生命エネルギーを天より与えられて、この世に生まれてきたのです。

ですから私たちは、その自分の特徴である、固有の天分を生かして、元気に伸び伸びと、学んだり、仕事をすることが大事です。

「僕は生まれつき頭が悪いから、物覚えが悪くて、学校の成績が良くないんだ。」

「両親の遺伝で、私って、幼い時から頭が冴えないのよ。」

などとこぼしている方もいるかもしれませんが、そんなぼやきは無用です。

「気」が散漫では頭も働きませんが、「気」が集中するようになれば、頭脳明晰となり、記憶力も良くなります。

「気のトレーニング」によって、「気」の力が充満するようになれば、学校の成績も良くなり、仕事も順調に運ぶようになるのです。

荘子が気づいた、役に立たない人物の秘密

この天分について、『老子』と並んで、タオイズムのバイブルともいうべき『荘子《そうじ》』に、たいへん興味深い話が載っていますので、ご紹介しましょう。

南伯子葵《なんぱくしき》が旅をしている時、大木に出くわしました。それは、なんと四頭だての馬車千台がその下で隠れてしまうほどの、稀に見る巨木です。

「おや、これはなんの木だろうか。抜群の材木が取れそうだぞ。」

そう思いながら、南伯子葵がその驚くべき大木を仰ぎ見て、細枝を見つめると、

なんということでしょうか。その枝は曲がりくねっていて、棟木《むなぎ》にも梁《はり》にもならない代物《しろもの》ではありませんか。

続けて、うつむいて、その巨木の根元を見つめました。すると、その根はうつろになっていて、とうてい棺桶にすることもできない代物です。

次に南伯子葵は、その葉っぱを噛んでみました。すると口がただれ、傷ついてしまう始末です。

今度は、葉っぱの臭いをかいでみました。すると、とたんに彼は酔っ払ってしまい、三日も苦しみ抜くことになってしまいました。

こうして南伯子葵は、とても大事なことに気づいて、次のように語りました。

「これはまさしく、なんの役にも立たない木なのである。それだからこそ、これほどの巨木にまで、立派に成長できたのである。

そうだ。神人というのも、この大木のように、なんの役にも立たないからこそ、世間の役に立つように変貌し、万人に見上げられるようになった人物なのだろう。」

なんの役にも立たない奴だ、無用の人間だ、無駄飯食いだ、などと世間からバカにされている人材が、じつのところは世間で大きな役割を果たし、また小利口で、要領の良さそうな、一見して役に立ちそうな人材が、実際には大成しないで、すぐに使い捨てにされてしまう。そんな人間社会の真実に荘子《そうし》は気づき、この「無用の用」についての寓話を残しているのです。

「気」の流れを停滞させるのをストップしよう

私たちは、この『荘子』に載っている寓話から、すべての人には、得がたい天分があるということ、そして一見して役に立ちそうもない人がじつは重要な役割を果たしているということが読み取れるのです。

それは、荘子が見抜いたように、世間で日の目を浴びずに、黙々と地味な仕事を続けているような人こそが、本当は社会を支えているということです。

そして、さまざまな人がいるからこそ、この社会は成り立っているのです。

ところが、みな天分をもってこの世に生まれてきて、誰もが代えがたい役割を果たしているはずなのに、多くの人がそうした自分本来の姿をすっかり忘れ去っているようです。

そして、学校や仕事場での小さな人間関係にイライラし、「気」の流れをマイナスに作用させてしまうのです。

そんなふうに、マイナスの「気」のままで、学校や職場の中での自分の置かれた位置や、状況をしっかり把握できないと、まわりで共に学んだり働いている人との関係に生じた小さな軋轢《あつれき》に執着して、それに翻弄されてしまい、自分らしい無為自然な状態でいられなくなります。

私たちが肝に銘じておくべき大切なポイントは、この世の中は、天地自然も、人も、変化を続けている中で調和しているのが本来の姿だということです。そして人は、変化の波の中でバランスをとって、無為自然に生きるのが本来の状態だということです。

そのように私たちが無為自然であるためにはどうすればよいかというと、「気」を大きく持って、心と体を常に健康にしていくことです。

「気」のコントロールこそが、私たちにとって何よりも肝心なことなのです。

自分の生かし切っていない才能に気づこう

多くの会社では異動や転勤はつきものです。どこに行っても、何があっても、自然に楽しく順応できる「気のパワー」を身に付けることができれば、チャレンジ精神豊かに、楽しい人生を拓くことができます。

私のところに、気分が落ち込んで、相談に現れたのは、三三歳の会社員のBさんです。

Bさんは、つい先日、新しい部署に配置転換されました。それも技術職から営業職へという急な転換でした。

「ずっと技術畑で来たものですから、急に営業をやれと言われても、何をしていいかわかりません。ショックです。」

と力なく話します。私は配置転換の理由を尋ねました。

するとBさんは、若くて切れ者である技術職の上司が、自分を気に入らなかったからだ、と言い切るのです。

しかし話を聞いて私には、それは明らかに思い過ごしだということがわかりました。そこで、こう告げました。

「良い上司ですね。その上司はよくあなたを見抜いていますよ。あなたは営業でもやれる顔です。」

ところがBさんは、

「僕は技術開発が楽しいんです。自分達の開発したものには絶対の自信を持っています。最高に良い製品ですから、ぜひとも多くの人に使ってほしいのです。」

などと俄然、雄弁になりました。そこで私はこう語りかけました。

「あなたはまだ、自分の生かし切っていない才能に気づいていませんね。あなたはずいぶん熱弁をふるっていましたね。きっとその熱弁が、営業の役員のような方の目に止まって、営業へ引き抜かれたのです。今回の人事異動はチャンスですよ。ぜひ、しっかりと胸を張って、売ってごらんなさい。」

Bさんは、だんだんと元気になってきて、こう述べました。

「なんだか嬉しくなってきました。胸がわくわくしています。」

物事に自然に楽しく順応できる「気のパワー」

私はそこで、Ｂさんを励ましました。

「それがあなたの一番良いところです。素直で、単純。そして積極的です。実はこれは人間の本来もっている『無為自然の陽気』なのです。あなたは、その陽気がそのまま抑圧されずに成長していますご両親に感謝ですね。もともと陽気だったのでしょうが、人生の変化も素直に前向きに受け取って、成長してきているのです。そしてその額は、上司の引き立て、天の引き立てがあります。つまりその引き立てに素直に従っていけば、出世できるということです。」

私はさらに励ましを続けました。

「あなたの声は、潤いがあって、とても聞きやすいですね。声は聞きやすい声というのが、とても大切です。それをもっと研《みが》いたら、響きが出てきます。そうすれば、もっと大きな商売ができるようになりますよ。」

「気のトレーニング」をすれば、もともと良い人相や声の相をますます良くできますし、悪かったら変えることもできるのです。

そして、最後にビジネスで肝心な「気」について、Bさんに語りました。

「営業は『気』の勝負ですよ。せっかく適性をもっていても、『気』が充実していなかったら、まとまるはずの契約もまとまりません。そのためには、自分の『気』を大きくすることです。」

あなたはBさんと私の、この対話をどう受け止められましたか。

営業だけでなく、人生は「気」の勝負です。そして営業の場合は、それがすぐに成績に直結するのです。

人はそれぞれ天から特徴をいただいて、生まれてきます。その特徴を生かし、天の流れに添って、素直に楽しく研き上げるのが、「気のトレーニング」なのです。

これは、自分の天分を生かし、本来の自分を発揮することですから、研けば研くほど宇宙の流れに添って無為自然になり、実に楽しいのです。

コミュニケーションが苦手な人は「気」を活用しよう

Bさんと異なり、自分が話し下手だということが「気」になって、コミュニケーションが苦手という人が少なくありません。電機企業で研究開発に携わっている、三二歳の男性のNさんもその一人です。

「私は、昔から口下手で、上手に人とコミュニケーションできません。一週間に一度、部署内で会議があるのですが、上司や優秀な同僚の前で話をしようとすると、何を話しても、だんだん自分で混乱してきて、自分でも何を言っているのか、わからなくなってしまいます。」

とNさんは曇った表情で、話し出しました。

そして、さらに口下手の有様を述べたNさんに対して、私は次のように語りました。それというのも、Nさんの問題は、じつは心の面にあるからです。

「あなたは先ほどから、上司や優秀な同僚の前で緊張する、と話していましたが、優秀な同僚という、その思いを放《ほ》かしましょう。つまり優秀な同僚という言葉には、自分は彼らより仕事ができないとか、彼らより劣っている、という気持ちが強く含まれています。

しかし、仕事というのは、頭脳だけでするわけではありませんし、またある面で優秀な人が、別の面ではあまり優秀でないということもあり、しかも、その人の能力がいつごろ大きく発揮されるかには個人差があるのです。ですから、あなたはあなたなりに、自分を生かして仕事をすればいいのです。」

続いて私は、人間に潜む潜在能力について説明しました。苦手意識を持っている人は、自分の潜在能力を生かそうとすることが大切なのです。

「誰でも人間には、いざという時に発揮できる、日頃想像もできないような素晴らしい力が潜んでいます。よく言うでしょう。『火事場のばか力』です。もちろん、ふつう持ち上げられないような重い金庫を火事場から運び出したとか、そういったことは切迫した時だけでしょうが、実はもっと日頃から生かせる、たくさんの能力を、陰気な考えのせいで、生かさないままでいる人が本当に多いのです。

しかもあなたは、優秀な同僚の前では上手に話せない、という強い劣等感を持っています。それがその潜在能力の芽を最初から摘み取っているのです。ですからコミュニケーションという、子供の頃は誰でも自然にしている人と人との交流が、なかなか上手にできないということになってしまうのです。

できなくなるのは、自分が良く思われたい、かっこよく見せたい、人がどう思うか、といった、外部の目を気にする見栄から、心が不必要な緊張によって、ガチガチになって、『気』の流れが滞り、無為自然な言葉や考えがまったく停止してしまうためなのです。

あなたらしく、普通に話せばよいのです。もっと気楽に、これからだんだん上達しよう。まずは自分らしく、調べたこと、考えたことを伝えよう。そして、上手にではなくて、ありのままに話そう、そう思えばよいのです。」

上手に話そう、というのは我執なのです。その我執が、「気」の流れを停滞させ、Nさんの潜在能力が素直に発揮されるのを妨げているのです。

さらに私は、こう続けました。

「ある名アナウンサーといわれる人も最初、あいつはだめだとレッテルを貼られてしまい、必死に相手に伝わるように話をしようと努力を続けた結果、年をとっても味がある、といわれて有名になったそうです。あなたはエンジニアですね。会議で発表して解決しなければならない点などを書き出して、話をすることです。」

私の話に耳を傾けているうちに、Nさんはすっかり元気な表情に変わりました。

「気のパワー」を活かせば、このように話し下手のコンプレックスも解消できるのです。

「気のパワー」を高めて、自分らしく無為自然に

コミュニケーションで最も大事なことは、自分らしく無為自然に、ということです。

自分自身が無為自然であれば、言葉も話し方も、また息づかいも、相手に自然に受け入れられやすくなります。

こちらが異常に緊張していれば、相手にもその緊張が伝わり、「気」の流れが不自然になりますが、こちらが無為自然で自由に話せば、相手にスルスルと言葉が入っていくのです。

自分なりに、でよいのです。まとめたことや話したいことを結論から話し、あわてないこと。そして「気のトレーニング」をして、日頃から自分自身の「気の

パワー」を高めておくことです。

しかも、「気」のある人が話をすると、同じ内容でも、相手に印象的に伝わります。「気」のある人が言葉を発すると、その言葉に「気」が漲っているので、相手にしっかりと伝わり、また相手もその「気」のある人の言葉に注目するのです。

それは「気」のこもった、「気持ち」の通じ合うコミュニケーションです。

相手を引きつける話をする上で大切なのは、話し方だけではありません。それよりもっと大事なのは、「気のパワー」が強いということなのです。

そして、「気」は強くても無為自然である、これが最高の姿なのです。

「気のトレーニング」で、人と気楽に話ができるようになる

先ほど記したNさんのように、コンプレックスに悩んでいて、ついつい気弱なことを言葉にする人も少なくありません。では、いったい、なぜ自分にコンプレックスをもつのでしょうか。

コンプレックスというのは、あくまでも他人との対比から出た言葉です。

相談に来たある人は、対話の際に「僕は頭が悪い、なぜならこれこれだ」と五つもの欠点をあげましたが、自分の欠点がわからないまま、なんとなく生きている人が多い中で、そのように五つも挙げられるのはたいしたものなのです。

それより問題は、その人が視野が狭くて、自分の本当の姿が見えなくなっているということです。

よく、簡単に背の立つような川で溺れてしまう人がいます、後で冷静になれば、なぜそんなバカなことをしたのだろうか、と思うかもしれませんが、そのとき本人はなんとかして溺れないように、と必死にもがいているので、自分が置かれていた状況がわからなかったのです。

世の中に、完全な人なんて一人もいません。欠けたものがあるから補う喜びがあり、曲がっているからまっすぐにする楽しみがあるのです。

くぼみがあるからこそ、満たすことができるのです。

少なければ得るものも多く、逆に多ければこれを失うのです。

このことに気がつけば、今すぐにでも自分を変身させることができます。そうして、自分が変われば相手も変わります。

するると人間関係の悩みもなくなり、今まで見えなかったことが見えるようになるので、人生そのものも前向きになってくるのです。

そのためには、我執を放かして、心身の気を充実させることが大切です。その修練の体系こそが「気のトレーニング」なのです。

とくに人間関係に悩む人は、「気のトレーニング」である「道家動功術」を行うと良いのです。

動功術では、いろいろな人と稽古を組みます。相手は、体の大きな人、小柄な人、男性、女性、そして声の大きな人、気合いがやさしい人、とさまざまです。そしてそれぞれの人と調和できるのが、動功術の特徴なのです。ですから動功術の稽古に励めば、かならず、人と気楽に話ができるようになります。

「気に入らない」人とも「気が合う」ようにするコツ

前項で申し上げたように、人間関係や仕事において、肝に銘じてほしいのは「自分が変わると相手も変わる」ということです。

昔から「以心伝心」と言いますが、あなたが嫌いだと思う相手は、間違いなくあなたのことを快く思っていません。

そうでなくとも、体の具合が悪かったり、精神的にイライラしているときには、「気分」が腐っていますから、ふだんなら何事もなく聞き流せる言葉が「気に障る」こともあるはずです。これはお互いの「気」が合わなくなっているからです。

黒住教教祖の黒住宗忠（一七八〇～一八五〇）の有名な歌があります。

「立ち向かう人の心は鏡なり　己《おの》が姿をうつしてやみん」

この歌は、自分の「気」に密接につながる人が目の前に現れるのだから、その人をつぶさに観察して、現在の自分の「気」の有様と、自分の姿をよく知りなさい、ということを意味しているのです。

ですから、「気に入らない」ことがあっても「気にならない」ようになり、また「気に入らない」人とも「気が合う」ようにするには、何よりも自分の「気」を明るくし、充実させる「気のトレーニング」を続けることです。

人は心と体が健康になると、体内の「気」の流れが活発になり、陰気が陽気に変わります。陽気は人の心を開いて、偏見をなくしますから、人間関係が好転するというわけです。

人はまた、陽気になると何事にも前向きになり、陽気が相手に好感を与えますから、仕事もうまく運ぶようになるのです。

「気のトレーニング」で本当のキレイを手に入れる

「もっとキレイになりたい」

これはすべての女性の願いでしょう。

美しい女性は、美しいというだけで、周囲の対応が違うことは現実です。「美人」という言葉が世の中に氾濫していることからも、多くの人は「美人」を好んでいることがよくわかります。

また、かつては、「見目麗しい男」「眉目秀麗な男」「男前」「色男」「二枚目」「美男」「美男子」「好男子」「ハンサム」などと言われた、顔立ちの良い男性の代名詞は、最近は「イケメン」という、はやりの言葉に取って代わられたようですが、容貌の優れた男性は、昔も今も、モテ男であることに変わりはないようです。

私のところにも、容貌のことが気にかかって、相談にやってくる人がいます。そうした人に対して私は、

「そんなこと、気にしないのが一番よ。」

とは申しません。そうではなく、

「キレイになりたければ、しっかり『気』のトレーニングをすることです。」

こう、答えています。続けて、

「そして、熱心に気のトレーニングを続けていくと、もっとキレイになります。本当に美しくなりますよ。」と述べているのです。

もちろん私は、気休めで言っているのではありません。それは、私がいつも目にしている、まぎれもない現実のことだからです。

よくいうブスとは、体の不調や病気が顔に出ているために、アンバランスであることなのです。赤ちゃんは、どんな顔の子でもかわいいものです。無邪気で、思わずこちらも笑顔になります。あれこそが「邪気」の無い、キレイな顔であって、本当の美しさなのです。

「気のトレーニング」をしっかりと続けてゆくと、体と心の「邪気」がすっかり

取れて、無為自然の人らしい姿になります。それは、すっきりとして、余分な肉や邪気がない、ゆがみの無い美しい姿です。

顔も締まりがでてきて、すっきりした顔になります。というのは、顔には内臓全体の状況が表れているからです。したがって、顔を見ると、その人の体の状態もわかるのです。

ですから、キレイになりかったら、「気のトレーニング」で内臓を健康にすることです。すると、顔立ちも端麗になって、邪気がなくなります。そして、肌も白くキレイになって、体の中から光るようになります。そうなったら、大勢の中にいても、ひときわ目立つようになるのです。

それは、第1章で述べたように「気量（器量）好し」になるからです。

体の中から光るには三年から五年、完全に芯から変わるには十年はかかりますが、しっかり「気のトレーニング」を続けると、本当の美しさが光り輝くようになってくるのです。

「本気」で結婚したいのなら、かっこうをつけない

「先生、私はなかなか結婚の縁がないというか、恋人もできないのですが、結婚できるでしょうか？」

と四一歳の公務員の男性のYさんが尋ねてきました。私はじっとYさんの顔を見つめて、こう告げました。

「できますよ。本気になれば、だれでもできます。ただ、あなたは、人をちょっとごまかすところがあるでしょう。特に女性に対して自分をごまかす、そうではないですか？」

なぜ私がキツイ指摘をしたかというと、Yさんから発散される「気」には、自分をプライドという厚い鎧で覆い隠している有様が、はっきりと表れていたからです。

実際、そのことを衝かれてYさんは、

「えっ。そう、その通りですね。人付き合いが下手というか、人の目も気になり

ます。」

と、ぎくりとした表情を見せながら、答えました。

Yさんは自己防衛をしているのです。そこで私はこう語りかけました。

「もしあなたが結婚したいなら、その相手には、かっこうを付けないで、つきあうことが大事ですよ。結婚というのはお互いに毎日一緒にいるでしょう。それこそ良い時も悪い時も一緒に過ごすわけですから、自分を隠して良いかっこをしていたら、疲れてしまうでしょう。自分の本来の姿を隠してつきあって結婚をしたら、最初はいいけれど、だんだん苦しくなります。だから最初からかっこうつけないで、自分をありのままに出せばよいのです。」

Yさんはもっと飾らずに、自分を素直に出せばよいのです。今のYさんからは、プライドや、ぎごちなさがこもった「気」が発散されていますから、女性たちはYさんのことを敬遠して、なかなか近寄らず、また親しくなりかけても、去ってしまうのです。

続けて私は、Yさんに告げました。

「まだまだこれからの人生です。まずは焦らずに、もっと『気のトレーニング』

を真剣にすることです。そうすれば、あなたの顔も輝いてきますから、きっと女性の目にもとまるようになるでしょう。そして大事なことは、女性に対して、ちょっといいな、話してみたいな、と思ったら声を掛けてみることです。相手から声をかけてもらおうなんて、だめですね。」

「そうですよね。でも、それがなかなか……」

とうつむき加減のYさんに向かって、私は次のように語りかけました。

「それがあなたの壁なのです。本気を出して、その壁を破ることですね。誰にでも壁があります。その壁を破ってこそ、人生が面白くなり、その先には光明が見えるのです。実はどんな成功した人にも壁はあるのです。どんな優秀な人にも壁があります。それを破るかどうか、そこが人生の分かれ道なのです。さあ、勇気を出して、実践してごらんなさい。」

「はい、わかりました。」とYさんは明るい表情で述べました。

Yさんが幸せに包まれて結婚式をあげたのは、その日からわずか五ヵ月後のことでした。

毎日「気疲れ」しているママからの相談

三歳の男の子がいるママのIさんから相談を受けました。毎日、子育てなどで疲れ果てて、私のところにやってきたのです。

Iさんは曇った表情で、こう話します。

「結婚して五年になりますが、男の子なのでやんちゃで、最近は動きが活発になってきて、なかなか言うことを聞かないで、いつもイライラして息子をどなってしまいます。夫も忙しくて夜遅くて、いろいろ相談したくても、いつも疲れていて、相談もできず、毎日が憂鬱なのです。本当に疲れています。」

Iさんからは、元気な「気」が感じられません。私はすぐに語りました。

「それはいけないわね。でも子供が活発なのは、元気な証拠ですね。成長のあかしなのですよ。成長して自立心が出てくるので、自分の意志を外に対して発信しているのです。そしていろいろなものにさわって、人生経験を積んでいるのです。ですから、なんでもダメと押さえつけないで、危険なことをしないように気をつけて、そしていっしょに遊び、いっしょに話をするようにしましょうね。

そして、子供の成長を喜びましょう。子供は毎日成長しているのです。あなたも子育てを通して、母親として毎日新しい経験を積んでいるのですね。ですから、なんでもちゃんと完璧にできなくても当たり前です。それより子育てを楽しむことです。」

ところがIさんは、こう言うのです。

「楽しむなんて、そんな気持ち忘れていました。生まれてきた時は、あんなに嬉しくて可愛かったのに、それに今だって可愛いことには変わりはないのですが、イライラしてしまう自分にまた腹が立つのです。」

このように、Iさんは気疲れして、「気」が陰気になり、内にこもってしまっている状態なのです。

今のIさんにとって大切なことは、「気のトレーニング」をして、まず体を解放していくことです。それによって、心も解放されていき、目の前の出来事も、まったく違って見えるようになるのです。

朝の爽やかで元気な「気」を贈ろう

そのことを話してから私は、Ｉさんにこう告げました。

「そしてもう一つ、あなたは今、子育て真っ最中ですが、妻であることも忘れないことですね。女性としての身だしなみや、ちょっとした気遣いが欠かせません。子育てに夢中で、夫なんか二の次となりやすいのが、子育て中のママです。ですからご主人にも、もう少し優しい気持ちをもちましょう。」

Ｉさんは、私の言葉を聞きながら、表情がだんだんと明るくなってきました。

「そうですよね。夫は最近仕事が忙しくて、所属の課も変わって、大変だと言っていました。私は、なによ、私のほうが大変なのに〜みたいに、話を聞きもしないで、いつもイライラしていたかもしれません。これじゃ、だめですよね。」

気持ちが変わってきたＩさんに、私は大事な「気」のことを述べました。

「そうですよ。ご主人もはじめてパパになったのですから、いっしょに子育てするのです。もちろん子育てママは忙しいですし、大変なことがたくさんあります。

でもママである前に、妻であったことを思いだしましょうね。そうすれば、ご主人との間に流れる『気』が変わってきて、毎日がまた新鮮になるはずです。

そして何より、最も大切な朝の『気』を、あなたの笑顔で、子供さんとの笑顔で、送り出してあげましょう。そうすれば、ご主人の『気』も、嬉しい『陽気』になって、仕事の成果もあがること間違いなしですね。

朝は一日で最も大事な新しい人生のスタートの日なのです。毎日が新しい一日、そう思って、ご主人を送り出しましょうね。ご主人も『よし、やろう』と、『気力』が湧いてくるはずです。」

そうです。ママが「陽気」で溢れるようになり、その「陽気」を家族に送るならば、家族全員が「陽気」になってくるのです。

厄介な嫁姑の問題は「気」が解決する

嫁と姑の問題を抱えている人はたくさんいます。いや、そんな問題は、私はまったく関係がありませんという人は、あまりいないのではないでしょうか。

ところが、道家道学院のメンバーの場合は、ほとんどのお嫁さんが「お義母《かあ》さんが本当に親切にしてくれる」と感謝し、また、ほとんどの姑さんが、「いいお嫁さんで良かった。私は幸せです」といつも言っていて、たいへん仲良しです。

そして、その事実を知ると、周囲のみんながびっくりするほどなので、嫁と姑の問題で心身ともに疲れ果てて、道家道学院のことを知り、せっぱつまって道学院に相談にやってくる人がいました。

Eさんは結婚して、ちょうど三年です。夫の母親から「共働きで子供が生まれれば、面倒を見る人も必要だから、うちに同居をしたら。うちは幸いに広いから。」と勧められて、同居を始めました。

ところが、子供が生まれた頃から、そのお義母さんは「あんたは母親として失格だ」「あんたのことを見損なっていた」などと、Eさんのやることなすことに文句をつけるようになって、Eさんは毎日いたたまれない思いだというのです。

Eさんは、「私なりに精一杯努めてきましたし、間違ったことはしてこなかったつもりですが……」と涙ぐみます。

たしかに、つらいことでしょう。しかし、Eさんは大事なことを忘れているのです。

それは、人間はすべて性格が異なり、また育った環境や受けた教育も異なり、当然、価値観も違っています。しかも、この世の中では、年をとってみないと、どうしてもわからないこともたくさんあります。そういった違いを無視するならば、どうしても嫁と姑は、それぞれの我執でぶつかり合い、そして仲違いをする羽目になってしまうということです。

Eさんがお義母さんと争いたくなかったら、もっと大きな気持ちを持って、そして、頭を柔らかくして、そのことに気がつくことが大切なのです。

そして、もうひとつ大切な点があります。

それは相手が嫌いになると、それまでなんとも思わなかったことまでが、いちいち気になったり、腹が立ってしまう、ということです。そうです。嫌いになった相手の「気」に反発をしてしまうようになってしまうのです。

それからEさんが「気のトレーニング」を始めて、我執を取り去るようになり、そして仲良しの嫁姑として、家からいつでも二人の笑い声が聞こえてきて、近所中の評判になるまでには、ほとんど時間がかかりませんでした。

第4章

「気」がビジネスの成功を呼ぶ

「経営の神様」松下幸之助氏は「気のパワー」で運気に乗った

私たちの人生を運行している不思議な力、それが「気」であり、ビジネスでも力を発揮し、活躍するには、この「気」を活用し、成功に向かっての「気運」を生み出して「運気」を良くしていくことが不可欠です。

ビジネスの世界では、「元気」だけでなく、「活気」と「やる気」、そして「根気」と「本気」が、おなじみの言葉です。

経済については「景気」「好景気」「景気上昇」などの言葉がよく使われます。株式でも「強気相場」などと言われます。株取引でも「ソニーは買い気配」とか、「買い気を誘う」などの言葉が用いられています。

「人気企業」「人気業種」「人気店」というように、「人気」も不可欠の言葉です。成功している人、繁栄している会社は、みな「気力」が充満しています。

そして名経営者と言われるような人は、お客と従業員の双方のことを常に「気にかけ」、「気分よく」売買してくれるよう、「気を入れて」行動しているのです。

「経営の神様」と呼ばれて、尊敬されていた、松下電器（現在はパナソニック）創業者の松下幸之助氏（一八九四〜一九八九）は「気のパワー」を熟知している人物でした。

松下氏は「人間というものは、気分が大事です。」とハッキリ述べています。氏はまた、

「気分がくさっていると、立派な知恵才覚を持っている人でも、それを十分に生かせません。また別に悲観するようなことでなくても悲観し、ますます気が縮んでいきます。しかし気分が非常にいいと、いままで気づかなかったことも考えつき、だんだんと活動力が増してきます。」

と、「気」が人生とビジネスを支えている事実をはっきりと述べているのです。

職場などで、態度や話し方についてよく使われるのが「ハキハキ」という言葉です。

「鈴木君はいつもハキハキとしていて、好感がもてる。」などと言われますね。

この言葉の由来は「覇気」と言われています。「覇気」とは覇者（天下を治めるもの。第一人者）になろうとする、積極的な気性のことを指します。

ビジネスの世界でも、このように「気」が大きな働きをしているのです。

「気」で多くの人を惹きつけた「再建の神様」早川種三氏

最近では澤田秀雄さんが十八年間赤字だった、長崎県佐世保市にあるハウステンボスを見事に再建したエピソードや、多くの人が驚嘆した、稲盛和夫さんによる、破綻したＪＡＬ（日本航空）の再建劇が話題になりましたが、「会社再建の神様」と謳われ、尊敬を集めていた人物がいます。それは早川種三氏（一八九七～一九九一）です。

氏は倒産した会社の社員を引きつけ、みんなに「やる気」を起こさせ、日本特殊鋼や興人など数多くの企業の再建をなしとげました。

その「やる気」を起こさせることができた最大の秘密は、早川氏が「気量」の大きな人物だったということです。そして、その「気量」の大きさの秘密は、無私の「気」にありました。

氏は「企業の倒産を招く原因の多くは、経営者の怠慢です」とハッキリと述べています。氏によると、倒産する企業というのは、利己的な経営や放漫経営が会社のタガを緩め、社員の勤労意欲をなくさせているケースが多く、そうした企業では、上から下まで自己主張にばかり明け暮れている、と分析しています。

そして「みんなが自我を捨て、滅私の努力をすることによって、会社あるいは社会が成り立っているのであり、ひいてはそれが自分のためになるのです。」と、企業のあり方について語っています。

「自我を張っていたのでは、他人の意見が耳に入るはずはありません。また、自分も立て、相手も立てるというような都合の良いことはあり得ないのが世の常です。」と言い、みんなが「やる気」を出すようになった経緯について、こう述べています。

「私が再建する企業へ単身乗り込んでいった当初は、『首切り屋』『整理の鬼』と敵視していた社員たちも、『再建は私のためにやるのではない。みんなのためにやるのだ。とにかく一緒に働いて、この苦境を乗り切ろう』と繰り返す私の話に耳を貸すようになり、やがてやる気を出してくれるようになりました。」

さらに無私の生き方について、こう述懐しています。

「どんな仕事でも、自分を捨てることから始まります。この自分を捨てる、自分を殺すということがわかってきたのは、七〇歳ぐらいからでした。」と。

氏は、その大きな「気」の秘密は「自分を捨てること」、言い換えれば我執を捨て去ることだと言い切っているのです。

早川氏は「気のパワー」を生かし、我執を放かしたタオイズムの生き方を貫き、たくさんの人を救ったのでした。

貧乏を克服して億万長者になった本多静六博士の「気のパワー」

お金と「気」については「気前が良い」という言葉がありますね。

貧乏を克服して億万長者になり、推定で数百億円という巨額の資産を、ほぼすべて寄付した、なんとも「気前が良い」学者がいます。それは、

「人は気の持ち方一つで、陽気にも陰気にもなり、愉快にも悲しくもなるものである。」

と著書に記すほど、「気」の秘密を熟知していた本多静六博士（一八六六〜

一九五二）です。

本多静六氏は、日本最初の林学博士です。明治神宮の森の造営や、日比谷公園をはじめとする全国にある有名公園の設計を行った造園技師として知られ、「日本の公園の父」と呼ばれています。東京大学農学部教授でもありました。

本多氏のモットーは「勤倹貯蓄」です。それはドイツに留学したときに学んだミュンヘン大学の財政学教授、ルヨ・ブレンターノ氏の教えに基づくものです。

十一歳で父を亡くして、苦学生から身を起こし、東大助教授となり、扶養家族九人を抱えていた二十代の本多氏は、「いつまでたっても貧乏から抜けられない。貧乏に強いられてやむを得ず生活を詰めるのではなく、自発的に積極的に勤倹貯蓄を努めて、逆に貧乏を圧倒するのでなければならぬ」という強い気持ちを抱いたのです。

そして「積極的に働いて、消極的に節約耐貧するよりほかに道はない」という考えから、収入の二五％を強制的に天引きして貯金する「四分の一貯金法」を始めました。

「貯蓄生活を続けて行く上に、一番の障りになるものは虚栄心である。一切の見栄さえなくせば、四分の一天引き生活くらいは誰でもできるものだ」と本多氏は述べています。

とはいえ、もちろんそれは容易なことではなく、一方では、「満四〇歳までの十五年間は、バカと笑われようが、ケチと罵られようが、一途《いちず》に奮闘努力、勤倹貯蓄、もって一身一家の独立安定の基礎を築く」ことが大事だと、懸命になって、つらさを克服した有様も明かしています。

こうして、「とにかく金というものは雪だるまのようなもので、はじめはほんの小さな玉でも、その中心になる玉ができると、あとは面白いように大きくなってくる」のでした。

なぜ本多静六博士は、巨万の資産を気前よく寄付したのか

本多博士は、株式投資でも多大の財をなしました。意外に思う人も少なくないようですが、その投資法はごくオーソドックスなもので、不況時に優良会社の株式を買い、それを長期間保有するというものです。また銘柄についてはいわゆる

集中投資ではなく、分散して投資しました。

「投資戦に必ず勝利をおさめようと思う人は、いつも静かに景気の循環を洞察して好景気には勤倹貯蓄を、不景気時代には思い切った投資を、時期を逸せず巧みに繰り返すよう私はお勧めする。」

と氏は述べています。それは投資の常道ではあるのですが、実際には景気の好い時に人気株を高値でつかみ、不景気な時代にその株が不人気のあまり、嫌気がさして底値で手放し、損失を出しているような人も少なくないのです。

また本多氏は、「本職の足しになり、勉強になる事柄を選んで、本職以外のアルバイト」に勉めました。それは「一日一頁」の文章執筆の「行」によって始められたものです。

その副業である執筆活動によって生み出された、『人生計画の立て方』など数々の本はたくさんの人の心をつかみました。

こうして本多氏は、現在も読まれている本を含む、なんと三七〇冊を越える著作を発表し、その印税や講演料なども貯金。そうして貯まったお金を株と土地に投資し、東京大学を退官するまでに数百億円という巨万の富を築いたのでした。

ところが本多氏は大学の停年退職を機会に、必要による最小限度の財産だけを残し、ほかは全部、学校、教育、公益の関係諸財団へ、匿名で提供寄付するという、なんとも思い切った行動をとったのです。

それは西郷隆盛の有名な「児孫の為に美田を買わず」（子や孫のために財産を残すようなことはしない、という意味で、詩の中の一節です）という言葉通りの行動でした。

本多氏はこのことについて、「必要以上に与えられた生活の余裕は、子供たちを怠惰、放縦、淫蕩に導く最大の要因」であって、「相当な財産の分与などは、かえって子孫を不幸に陥れるもの」である。そして「子孫を本当に幸福ならしめるには、早くから努力の習慣を与え、かつできるだけ努力の必要な境遇に立たしめることである」と述べているのです。

このように「運気」をつかんで、充実した人生を送った本多氏は、偉人と讃えられるだけあって、味わうべき名言を残しています。その言葉は、氏を大成功に導いたのは、明るくて強い「気のパワー」であったことを示しています。次に記すのも、そのひとつです。

「私は細かい欠点だからといって容赦することなく、見つけたらただちに断固としてこれを取り除くことにしている。なおまた自分の悪癖矯正の方便として、反対の性癖を身につけることにも努めた。すなわち陰気な性癖を直すために、努めて陽気になり、人の短所欠点を見る癖を直すために、人の長所美点を見出す癖をつけたのである。」

お金は明るい「気」が引き寄せる

「恒産なき者には恒心なし」という言葉が『孟子』にあります。

これは安定した財産や職業がなければ、正しい心を持てずに、精神が不安定になる、という意味です。

この言葉が示しているように、私たちはある程度のお金を持っていなければ、困った人を前にして、助けたいと思っても助けることができません。また、お金があったほうが、いろいろな可能性が広がって、人生が楽しくなります。

大富豪となった本多静六博士は、この言葉を見事に実践したわけです。

しかし残念なことに、博士とは真逆に、欲に振り回されて、自分を見失うようになってしまう人も、往々にして見かけられます。

人は、お金に好かれるタイプと、そうでないタイプの二つに分かれるようです。お金に好かれるタイプの人は、「気」が充実していて、健康です。そして、人生の楽しみ方をよく知っています。

そうした人は皆、「元気」で、「陽気」です。つまり、自分が発散する、明るくて積極的な「気」のエネルギーがお金を引き寄せていますから、お金が自分のところに集まり、貯まっていくというわけです。そしてさらに、よく言われるように「お金がお金を呼ぶ」ことになります。

しかし、お金に執着すると、どうなるでしょうか。そうです。「べたべたと付きまとっていて、あんたなんか大嫌い！」とばかりに、友達を引き連れて、お金は逃げ去ってしまうのです。

自分では、どんなにお金のことが大好きであっても、我執が、お金を遠ざけてしまうのです。つまり「守銭奴」と人から軽蔑されるような人は、お金との付き合い方がまちがっているわけです。

その反対に、タオイストのように、お金も含めて、すべては天からの預かり物だと考えて、お金に執着をしないで、「気のトレーニング」を続けている人ならば、無茶なことをしなくとも、自然とお金が惹きつけられてくるのです。

また、手元にお金がなくて、「今月をどうしのごうか」と、普通ならば頭をかかえているような場合でも、不思議に、どこからかお金が湧いてくるものなのです。

道家道学院で「気のトレーニング」を続けている人たちからは、大事な旅行に行けるお金が、本当にいいタイミングで入ってきて、思い出になる旅行ができたとか、家族が欲しがっていた電気製品の価格とぴったりのお金を、思いがけないところから受け取り、それを買うことができて、皆が喜んでいる、といったような話をよく聞きます。

お金は、明るい「気」のエネルギーに強く引き寄せられて、やってきてくれるのです。

弱い自分に勝つ「気力」を持とう

清涼飲料の会社で、製品開発の仕事をしている二八歳の女性のFさんが相談にやってきました。

Fさんの会社の先輩に、優秀なJさんという方がいます。その憧れのJ先輩が最近、Fさんが何か質問しても聞こえないふりをしたり、質問に対して「そのくらい自分で調べなさい！」と、バチッと言うほど冷たくなってしまった、いったい私はどうしたらいいんでしょうか、とFさんは嘆くのです。

私はFさんに向かって、こう述べました。

「そのJさんは、美人で仕事もできて、負けず嫌いでしょう。仕事の理解も早く、人一倍頑張り、いつも多くの人を従えているタイプではありませんか。そしてあなたは、どちらかと言うと、のんびりタイプ。特に優秀で目立つわけではないけれど、まじめで粘り強く、自分なりにいつも一生懸命仕事をするタイプですね。」

「まったく、その通りです。」とFさんは小声で返事をします。

そこで私はハッキリと告げました。

「Jさんは、あなたに競争心を持ったのでしょう。Jさんにとってあなたは、かわいい後輩でなく、立派なライバルなのです。」

「え〜！　ライバル？　そんな〜。私はそんなつもりは全くないのに。それに私って、競争なんて好きじゃないんですけど。」とFさん。

どうやら気負けしているとしか思えないFさんに、私は語りました。

「そんな甘いことを言っていないで、あなたも頑張って、ライバルとしてより良いアイデアを完成品にするために、競争すればいいのです。人生を生きるには、さまざまなところで競争があります。特に仕事では、競争はつきものですし、競争心は仕事に集中するエネルギーにもなるのですよ。

大切なのは、いつまでも先輩のうしろについてゆくのでなく、一人前の仕事ができる研究者に成長することなのです。それには、Jさんだけでなく、その時々の周りの人の対応や、環境の変化などに一喜一憂しない自分になることです。あなたが今、しなければならないことは、その『弱い自分に勝つ』ことなのですよ。

Jさんも、あなたがそんなふうに積極的に仕事に向き合ったら、以前より良い関係で、共に仕事ができる同士として認めてくれることでしょう。そして互いに助け合い、互いの持っているものを引き出す良いパートナーともなれるのです。」

私の話を聞いているうちに、Fさんは明るい顔色になって、こう言いました。

「そうですね。これまでの甘えた自分を変えるのだと思ったら、なんだかファイトが湧いてきました。」

このように私たちは、弱い自分に勝つ、「気」のエネルギーが大切なのです。

剣豪・宮本武蔵は「気」の達人だった

「弱い自分に勝つ」ということが、おわかりいただけたでしょうか。

それは環境の変化などに一喜一憂しない自分になることであり、そのためには、「気」のエネルギーを充実させることが必要なのです。

「勝つ」ための極意について、生死をかけた自らの多数の体験をもとに、詳しく述べている有名な書物があります。

その本は剣豪・宮本武蔵（一五八四?〜一六四五）が兵法に関して記し、世界で広く読まれている『五輪書』です。英語版の*The Book of Five Rings*はアメリカなどでベストセラーになりました。

今や海外でも名が轟いている宮本武蔵は、勝負と人生の秘訣を明かしたこの本の中で、「たけくらべということ」を解説しています。「たけくらべ」とは「背丈を比べる」という意味です。

「戦いや試合で、敵の側に入り込むときには、けっして体を萎縮させず、背丈（身長）を比べれば、自分のほうが勝つという気持ちをもって、体を十分に伸ばして、相手の懐に強く入るのが良い。」

こう武蔵は述べているのです。そして、そのためには実際に、思いっきり足を伸ばし、腰を伸ばし、首を伸ばすことが大切だ、と言っています。

刀を持って、向かっている敵に打ち込み、その懐に入る時には、どうしても体は前傾姿勢になりやすく、体を縮こませがちです。それについて武蔵は、それではいけない。足も腰も首も大きく伸ばして、気迫を持って、強く打ち込むのが良い。それが勝つ極意なのだ、と言っているのです。

体を縮こませると、心も萎縮してしまいます。体を大きく伸ばせば、心も大きく伸びやかに広がり、「気力」が高まるのです。

そして、自分の方が相手を上回っているという「気構え」の力で、敵に自分を大きく感じさせることができます。さらにまた、自分でも敵を「気迫」で圧倒することができます。

こうして、戦いや試合で敵を打ち破ることができるというわけです。

宮本武蔵は強敵たちと六十余度も戦いながら、無敗を誇っています。その武蔵は、心と体と「気」の謎を生涯探求しながら、「気」の力を活用して見事に勝ち続けたのだということが、この「たけくらべ」の解説からよくわかります。

武蔵の『五輪書』が、武道書として読まれるだけでなく、ビジネス書、経営指南書、そして人生論、自己啓発書としても広く人気を集めているのは、戦略、戦術だけでなく、そのように心と体と「気」の秘密が記されているからなのです。

ビジネスも人生も勝ち抜ける「気」の流れ

ビジネスだけでなく、私たちの人生は、つねに「気」の変化の中で生かされているといえます。その人生に勝ち抜くうえで求められるものは、なんといっても「気」なのです。

そして多くの人が、その「気」を外に向けて戦ってこそ勝つものだ、と思いこんでいるのですが、まず最も大切なのは、自分自身の心や体が、そういった変化や競争に、「気」を乱されないことです。

多くの戦いは、相手が強くて負けるのでなく、自分が自分の力を出せずに負けるのです。自分の中の我執によって生じる虚栄心や、負けたくないという心、人の目を気にする弱さなどによって、「気」が乱れ、結局自分の持っている力が発揮できない結果、負けたということになるのです。

また体調管理ができなければ、実力を発揮できません。心と体、どちらも「気のトレーニング」で元気にすることです。

そして自分自身に「気」の乱れがなく、本気で全力を尽くせたならば、たとえ負けても、後悔もなく、相手に対していやな感情は残らないはずです。きっとさわやかな完敗であって、自分自身にとって良い経験となることでしょう。

このようにして負けた場合は、次回は自分も成長してまた挑戦しよう、そう思えばよいのです。また今度は、自分の持っている別の特徴を生かして勝負しよう、そう切り替えればよいのです。

そのように後悔なく、自分の力を発揮するには、自分自身の心と体の「気」の流れの滞りを取り、体内の「気」の流れを無為自然にする必要があります。そのためには、三つの「気のトレーニング」が欠かせないのです。それは前述したように、「洗心術」、「道家動功術」、そして「気の導引術」の三つです。

「気のトレーニング」で高慢の害を防ぐ

切れ者と謳われたワンマン経営者が、自分の力を過信し、権力を握り続け、時代の流れを読み取れなかったため、せっかく一から育て上げた会社を倒産させた、といったニュースを目にすることがあります。

そんなとき、私が思い出す『荘子』の寓話があります。それをご紹介したいと思います。

中国の呉の国の王様がサル山に登りました。サルたちは人間が来たのを見て、怖がって一斉に逃げ去り、すぐに藪の中に隠れました。

ところが、その中の一匹のサルだけは逃げようとはしません。そして、木の枝から枝へと巧みに飛び移り、人間に向かって、ものをつかんで投げつけるなど、「どうだ。この俺様の見事なワザにはかなわないだろう！」と言わんばかりのふるまいをするのでした。

王様が矢をつがえて、この鼻高々なサルを射ると、サルはひょいと手を伸ばして、その矢をつかんでしまう始末です。

王様はすっかり怒りました。そこで家来に命じて、高慢なサルに次から次へと矢を射かけたのです。

するとサルは、いくら腕自慢を誇っていても、無数の腕をもっているわけではありませんから、最初のうちは巧みに身をかわしたり、矢をつかんだり、叩き落としたりしていたものの、やがて矢がブスリと体に突き刺さりました。

そして木から落下して、矢を手にしたまま死んでしまったのです。

いかがでしたか。

これは自分の知恵を誇るあまり、おごりたかぶり、禍を招いてしまう話です。

あまりにも知恵の働く人は、高慢になって、必ず害が生まれるのです。

自分の才覚を使ってうまくいくと、それを鼻にかけて、次もうまくいくと思うものですが、世の中の人はその人が思っているほどバカではなく、その上の手を打つようになります。そして、いわゆる頭でっかちの人の計略は無駄になってしまう、ということです。

つまり、我執のついた計略は、自分を過信した知恵のゆえに、敵をつくり、自滅する羽目に陥るのです。

強気すぎるワンマン経営者の場合は、自分では気づかぬうちに、我執で「気」が滞り、思い込みで頭が固まっていて、わざわざ対立を招き、自ら大きな失敗を犯してしまうものなのです。

また会社などでも、強気で才気走った人は、ともするとスタンドプレーをして、周りに喧嘩を売る羽目になり、嫌われて排斥されてしまうのです。

これに反して、無為自然の、対立する心のない、なごやかで明るい「気」の持ち主は、周囲の人たちをみな幸せにしながら、成功へと導いてくれるものです。

「気のトレーニング」をしていると、時代の「気運」を察することができ、また柔軟な発想ができるようになります。したがって、「本当の知恵」を手に入れ、みんなにとって幸福な結果をもたらす決断ができるようになるのです。

「気」の達人ならば、頭も柔軟になる

最近は、六〇歳を過ぎても働く人たちが増えてきましたが、熱心に「気のトレーニング」を続けている人は、引っ張りだこの状態です。いったい、どうしてでしょうか。

科学技術といったものは、日々新しい技術が開発されていますから、それを柔軟に吸収してゆかなければ、追いついてゆけません。若い頃の頭脳ならば、それがどんどん吸収できたかもしれませんが、年齢を重ねれば、誰でも若い頃に比べれば老化していきます。

そこで、年を重ねた人に求められている仕事があるのです。それは、若い頭脳を積極的に生かすということです。

会社という組織は、何かを開発するとき、その技術の全体的なところを理解し、

把握することは大切ですが、細かいことを早く作業するようなことを、全員に求めてはいません。それよりも、考え方そのものが柔軟であって、若い人の新しい発想を、どんどん引き上げられる人こそが、会社にとっては、たいへん重要な存在なのです。

それは年齢を超えて、新しいものを創造する喜びを知っている人です。

そうした、柔らか頭の持ち主で、独創的な考え方ができる、そして若い人の能力を引き出せる人が、会社だけでなく、今はどの世界でも求められているのです。

「気のトレーニング」を続けている人ならば、心と体が無為自然になり、頭は柔軟になり、ユニークな発想ができるようになるものです。

そして、宇宙エネルギーである「気」の、融通無碍《ゆうずうむげ》のパワーを身につけ、時代の「気」の流れを感知できますから、時代の先端を走りぬける行動力も生まれてくるものです。

したがって、そうした柔軟で、円熟した、しかも人の天分を引き出せる「気」の達人が、現在、社会で誰よりも求められるようになってきて、引く手あまたの状況になっているのです。

第5章

健康と若さを約束する「気の導引術」

「気血」が停滞すると病気になる

「気を病む」という言葉が「病気」を表すように、「気」は健康には欠かせない、すこぶる重要なものです。

よく「病は気から」と言いますが、この諺が示している通り、病気とは「気」の不調、つまり「気」の滞りにほかならないのです。

私たち人間は健康であることが自然の状態なのですが、病気になると、「気分がすぐれない」状態や、「気分が悪い」有様になってしまいます。

また病気などで意識を失ったり、倒れたりする場合は、「気」が遠くなったり、「気」を失ったり、「気絶」をしてしまいます。

ではなぜ、病は「気」の滞りであると言えるのでしょうか。そのことについて、説明いたしましょう。

人間の体の中では、「気」が血液と一体になって流れていて、そこに生の営みが行われています。それが東洋医学の根幹のひとつである「気血」です。

もし体の中のどこかで、この「気血」の流れがスムーズでなくなり、停滞してしまうと、新鮮な血液も、そして「気」も送り込まれなくなり、さまざまな障害や症状が表れてしまいます。それが体の不調であって、不調が高じると病気になるのです。

そして、不健康に病気になるというのは不自然なことですから、それを示すたくさんの信号が見られるようになります。

熱が出たり、肌にトラブルが起きたり、頭痛が生じたりすることが、そうした信号というわけです。

私たちが、夏の猛暑や寒冷の冬を元気に過ごせるのも「気」のおかげであり、そして夏から秋へといった四季の変化に順応して、さわやかに過ごすためにも、体の「気」の流れを良くすることが大切なのです。

私たちが「気」の流れを良くし、「気」を充実するには、まず体を健康に保つということが基本です。

それにはしっかり「気のトレーニング」をすることです。

体は毎日変化しています。人体の細胞の数は、なんと三七兆二〇〇〇個もあると言われていますが、そうした細胞も常に、次々と生まれ変わっています。「気のトレーニング」は毎日欠かさず行うことが大切なのです。

心と体の修行をともに行う

「気のトレーニング」は、心と体を共に磨くものです。

「性命双修」という言葉があります。これは、

「天地自然の『気』と一体となって、心と体の修行をともに行う必要がある」

というタオイズムの修行の根本を説いたものです。

心と体は別々のものではなく、互いが密接につながっていることを知った古代中国のタオイストたちが、両方を併せて修行することこそ、本来の健康につながる大事なことであると気付いたのです。

ですから道家道学院では、心と体、その両方を修行します。そのための三つの「気のトレーニング」を学び、心も体も柔軟にしていくのです。

この、心と体は別個のものではなく、密接不可分のものであるという考え方は、

「心身相関」とも「心身一如」とも「身心一如」とも言われます。

この考え方が土台になって、現代においては心身医学という学問が生まれました。心身症の患者の治療においても、この考え方は大きな意味を持っています。

邪気をまず吐き出して、良い「気」を受け入れる

「僕はみんなから、消極的だとか、優柔不断だとか言われてます。たしかに僕は思い切りが悪いんです。そしていつも、なんとなく不安で、前に踏み出すことができません。そんな自分を変えるには、いったい、どうすればいいのでしょうか？体も丈夫ではなく、よく風邪をひいたり、熱を出したりします。そんな僕を見かねた友人のN君に強く勧められて、今日、相談に伺いました。」

と沈鬱な表情を浮かべて話すのは、運輸関係の仕事に携わっている三〇歳のDさんです。

Dさんを真正面から見て、私は告げました。

「あなたの顔を見ると、腎臓の機能の低下と、心の不安からくる、『気』の消耗

がはっきりと表れています。

今は『気』が滞っていますから、まずその体の『気』の滞りを、徹底して取ることです。あなたの顔色には、腎気の停滞を示している黒ずみが出ています。その停滞を取り除き、腎臓に元気な『気』がめぐるようになると、次の一歩を踏み出す際の不安が体から消えます。」

私は、そのためには、まず「気のトレーニング」を始めることです、と述べ、それについて説明をしました。

「動功術で一歩前に踏み出して、エイッと打つ、これを稽古することです。そしてまた押されたら引く、引かれたらついてゆくのです。」

Dさんはジーッと私の話に耳を傾けて、小さくうなずいています。

「導引術も大切です。邪気をまず吐き出して、良い『気』を受け入れる、これは陰陽調和であり、人体がこの宇宙で生かされている無為自然の法則そのものです。

そしてそれを頭で理解しようとせずに、言われるままに学んでゆかれれば、自然に日常が変わってきます。それこそ一回、動功術の稽古をするだけで、何かが変わるのです。

ただ、それに気づく人、なかなか気づかない人、また気づいても、そんなはずはない、と気にしない人と、その人によって、効果がわかるのに時間のかかり方に差はありますが、誰でも、一つでも導引術を学び、実際やってみれば、その場で『気』の流れはよくなるのです。」

私はさらに話を続けました。

「あなたの、次への一歩を決意できない、なんとなく不安というのが、腎臓の不調から来ていることも、おそらく元気になればわかるでしょう。腎臓につながる感情は恐怖です。そして腎気が盛んになると、やみくもに恐怖を感じたりしなくなります。」

「気のトレーニング」で症状を改善

「それでは、不安を抱えている人は、皆腎臓が弱っているということなのですね。」

とDさんは尋ねてきました。

「それは人によって異なります。胃腸が弱っているから思い悩むという人もいますし、心臓が弱っているから、動けない、一歩出られないという人もいるのです。その人それぞれに、内臓と人体の症状の出方は特徴がありますが、とにかく『気のトレーニング』を、楽しく続けていけば、自然に改善されてゆくものなのです。」

そう私は語ってから、次のことを説明しました。

古代中国の哲学に五行という考え方があります。自然の現象や人体の内臓、感情などを五つのパターンに分類して、その特徴を表したものです。現代の西洋の自然科学からみると、科学的でないという見方をする人もいますが、五つのおおざっぱな分類のようでいて、じつはとてもよく分類されていているものです。そこでは腎臓は恐怖、胃は思い、心臓は喜び、肝臓は怒り、肺は憂いです。

「そうなのですね。しかし、心臓が喜びに対応するのならば、なんだか、いつも喜んでいれば心臓に良いような気がしますが、どうなのでしょうか？」

とDさん。そこで、私はさらに次のことを解説しました。

喜びといっても、なんでも感情は過ぎてはいけないのです。過ぎると内臓を痛めます。喜び過ぎていつも笑ってばかりいると、心臓に負担をかけてよくないのです。

すべての感情は、人間が毎日の生活をするなかで、いろいろな出来事に遭遇して自然に湧いてくるものですが、内臓が老化し、病気になっていたりすると、その内臓に特徴づけられる感情が常に湧きやすいものです。ですから内臓を健康にして、感情が調和するようにすること、そして我執を放《ほ》かして、感情をいつまでも握らないことが大切なのです。

この説明を聞いて、Dさんは、

「ありがとうございます。たいへんよくわかりました。今日からさっそく『気のトレーニング』を始めます。そして、元気な人生を送るようにします。」

と、最初とは打って変わった、爽やかな表情で話すのでした。

「元気」ならばストレスも乗り切れる

「元気」であれば、多少のストレスがあっても乗り切れます。

ストレスを表す言い回しとして、「気が休まらない」のほか、「気落ちする」「気がせく」「気鬱する」「気がふさぐ」「気が滅入る」「気をもむ」「気にかかる」「気になる」「気がかりだ」「気が萎《な》える」「気が沈む」「気が重い」「気をすり減らす」「気が休まらない」といった、たくさんの「気」の言葉があります。

これらの例のように、人間関係のさまざまなストレスは「気」が作用するものですから、弱っていた「気」を「元気」なものにして、「気」を落ち着かせ、「気」を楽にするならば、ちょっとしたミスがあっても、乗り切れるものなのです。

人間関係のストレスが続いて、悩みのために胃を悪くする人が少なくありません。また自律神経の失調や、不眠症や、うつ病を引き起こします。

ストレスはほかにも、さまざまな病気の原因となることが知られています。たとえば円形脱毛症や、気管支喘息や、扁桃痛や、潰瘍性大腸炎や、インポテンツなどです。

そのようにストレスに苦しんでいる人であっても、「気のトレーニング」を始めれば、悩んだり、いらいらしたり、くよくよせずに、快適な生活を送ることができるようになるのです。

たびたび述べてまいりましたように、「気のトレーニング」によって「元気」が湧いてきて、損なわれたり、不足したり、ゆがんでいたりした、宇宙の生命エネルギーである「気」が充満し、「気」の流れがスムーズになってくるからです。

「気」の修練を続け、二五六歳まで生きていたという伝説的人物

二五六歳まで生きていたと言われている伝説的な人物がいます。

あなたはきっと、「とても信じられない。ふん、眉唾だな。」と思われることでしょうが、彼を撮影した写真も残っていて、実在した人物です。

それは中国の李青曇《りせいどん》（リ・チン・エン）です。日本で知っている人はほとんどいないようですが、欧米では驚異的な長寿の生涯を送った人物として知られているようです。

一九三〇（昭和五）年に『ニューヨーク・タイムズ』紙（アメリカの有名な日刊新聞）は、この李青曇についての記事を掲載しました。

そこには「中国政府の公式文書が公開され、一八二七年に、李青曇が一五〇歳の誕生日に清朝からお祝いを受けたこと、そして一八七七年には、二〇〇歳の誕生日を清朝が祝ってくれたことが記述されている」と書いてあるのです。

李青曇は一六七七（延宝五）年に四川省に生まれたそうです。清では康熙帝、日本では霊元天皇、徳川家綱の時代です。清王朝の九人の皇帝のもとで生涯を送ったとされています。

記録によると、李青曇は漢方薬草医で、各地を巡って長寿の秘密を探求し、霊芝、クコの実、朝鮮人参、ゴツコラといった薬草を山で収穫して、薬膳と米酒の食生活を送っていました。また中国武術をたゆまず鍛練し、達人となり、生涯の多くを山中で過ごしました。そして二三人の妻に先立たれ、一八〇人の子孫を残しました。また、早寝早起きの毎日を送り、肉食をせず菜食主義を貫き、クコ茶を愛飲していたそうです。

一九二七（昭和二）年、国民政府（国民革命軍）の楊森（ヤン・セン）将軍は、李青曇を四川省の自宅に招き、部下の兵士たちに武術を学ばせました。当時の李青曇は二五〇歳という高齢でしたが、その若さは誰もがとうてい信じられるものではありませんでした。

李青曇は視力が良く、歩くのは大股で、身長は約二メートル、爪が非常に長く、赤い顔の人物だったと言われています。

伝説的人物が明かした「導引」の極意

一九三三（昭和八）年五月、『タイム』誌（有名なアメリカのニュース雑誌ＴＩＭＥ）は、李青曇が死亡したという記事を掲載しました。これは李青曇が長寿の秘訣について述べた記事のタイトルは「亀・鳩・犬」。これは李青曇が長寿の秘訣について述べた言葉に基づくものです。

日頃から李青曇はこう述べていたそうです。「常に静謐《せいひつ》な心を保ち、亀のように座り、鳩のようにすばやく歩き、そして犬のように眠る」と。

また弟子の一人は、李青曇が自らの長寿の理由について、「定めていた運動を、規則正しく、適正に、誠実に、必ず毎日、実践したからである」と説明したことを述べています。

この「定めていた運動」とは、後ほど詳しく紹介する「導引」と思われます。というのは、ある記事では、李青曇は「気功」を続けていた旨が記されていますが、気功とは一九五〇年代に、「導引」等を元にまとめられた健康法でありますから、李青曇はその元になる導引を実践していたはずだからです。
そして実は、
常に静謐な心を保つ。（いつも精神を安定させる）
亀のように座る。（どっしりと座る）
鳩のように歩く。（早足で歩く）
犬のように眠る。（ぐっすり眠る）
という養生法は、まさしく「導引」の極意であるからです。
このように、李青曇は生涯、導引を主とする「気」の修練を続けて、伝説的な長寿の生涯を送ったのでした。

心と体も無為自然の状態に戻す「気のトレーニング」

すでに繰り返し述べてまいりましたが、人間は宇宙の中で生かされている宇宙の一部です。そして、その宇宙の「気」の流れに添うことが最も強い生き方と言えます。

人間がどんなに頑張っても、頭を使って考えても、天地自然の流れを変えることはできません。この宇宙に貫徹する大原則を、古代中国の人が「道」（タオ）と名づけました。

そして人間が最も幸せに生きるためには、この大原則に添う、タオイズムの生き方をすることが肝心です。そのために心と体も無為自然の状態に戻そうとするための、「気」の力を養う、最も効率の良い修練の体系こそが、道家道学院で学べる「気のトレーニング」なのです。

言い換えれば、人間の心と体が無為自然の「気」の流れになる行法、それが「気のトレーニング」なのです。

そしてこの「気のトレーニング」をおこたらず続けていくと、心と体が「元気」になり、危険を避け、困難をはねのけるようになっていくのです。

その「気のトレーニング」には「洗心術」と「動功術」と「導引術」がありますが、導引術は、いつでも、誰でも、無理なく、自由な時間で行える、しかも卓効のある修練の体系です。

「導引」は古代中国で生まれた不老長生術

最近、「健康長寿」で老後の人生を送ろう、と公共でも叫ばれるようになってきましたが、道家道学院では、心と体が健康で、生涯、若々しく人生を送るための「気のトレーニング」法を、長年にわたって指導してまいりました。

この「気のトレーニング」は、じつは紀元前の古代中国で生まれた不老長生術なのです。中国の人たちはこの楽しい人生を、少しでも長く生きたいと思ったのです。そのためには、健康でないと楽しくない、ということから、自然を観察し、人体を研究し、そして完成されたのが、この「気のトレーニング」の元になる「導引」だったのです。

天地自然に添って人間が生きるために、野生動物の動きや変化を研究して、人間が健康になるための方法として、「導引」が生み出されたのです。

湖南省の馬王堆《まおうたい》にある、紀元前二世紀の丞相利蒼（丞相とは皇帝を補佐する最高位の大臣のことです）とその家族の墓から、絹に描かれた彩色の「導引図」が発見されていますから、その頃にはすでに完成されて、広く伝わっていたと考えられます。

導引が「導引術」という画期的な修練の体系に発展した

道家道学院で学べる「導引術」や「動功術」は、そうして研究され、伝えられた道家の秘伝である導引、動功が、日本に伝わり、早島天來先生（筆名・正雄）によって集大成され、現代人のための修練の体系として確立されたものです。

天來先生は、江戸時代に出版された漢籍だけでなく、中国からの資料も紐解き、研究し、修練を重ねました。そして、実際に中国でも学ばれ、現代人に合わせて、それを体系化しました。こうして、現代の仙術といえる、導引術、動功術が現代に残されたのです。

そして本場中国や台湾の道士や研究家とも交流を重ねて、昭和四十四年、時代の流れで台湾に同郷の最高責任者である張《ちょう》天師がいらっしゃった頃に、台湾を訪問して多くの方々の難病を治し、その驚異的な力を認められて、はじめて中国以外の人として道家龍門派伝的第十三代を継ぐことになったのです。また、併せて道教の最高機関である嗣漢天師府顧問ともなりました。

帰国して、さらに修練を積んだ天来先生は、昭和五十五年にタオイズムを学び、研鑽を積み、「気のトレーニング」ができる、日本道観（タオイズムを修行する道場）および道家道学院（タオイズムを学ぶ学院）を同時に設立しました。

早島天来先生は現代日本において、これまであまり公にされてこなかったタオイズムおよび「気のトレーニング」に関する、研究と修行そして普及に人生を賭けたのです。

非常に安全で、健康への効果も大きい仙術

導引術も、動功術も、ちょっと見たところでは体操と変わらないようですが、実はまったく違うのです。これは先ほど触れたように、不老長生のための仙術だったのです。

古代中国の人たちが、こんなに楽しい人生が永遠に終わらなければ良いと思い、

考えた究極の人間像の象徴が、不老不死の仙人でした。そして、多くの人たちが、もちろん当時の皇帝も含めて、その不老長生法を、必死に探したのです。

そのためには金丹薬といって、飲むだけで不老不死になれるような薬も研究されました。その薬も、飲み方や作り方を一歩間違えると劇薬ですので、皇帝や貴族たちの中には金丹薬のまちがった服用で、気がおかしくなったり、病気になったりした人もいた、といわれています。

そんな中で、この導引術は、非常に安全で、健康への効果も大きかったため、だんだんと、この安全な導引に人々の関心が移っていったのです。

日本でも江戸時代までは、医者は漢方薬の処方を学ぶだけでなく、その中で優秀な人は、導引をいくつか覚えて治療していました。

この導引術はただ肉体を動かすだけでなく、呼吸とあわせて、ツボを刺激する動きをするという大きな特徴があります。

導引術は、呼吸を伴って、「気」の通り道にあるツボを刺激しながら体を動かしますので、体が心地よくほぐれ、ぽかぽかと暖かくなります。こうして、体内の「気」が自然に良い流れで循環するのです。

つまり、呼吸法とツボの刺激によって、内臓が動くわけです。ですから内臓から若返り、加齢臭もなくなるという、たいへん大きな効果があがるのです。

川の水がさらさらと勢いよく流れていれば、川の水が濁らないように、私たちの体の中も、血液だけでなく、「気」の流れがさらさらと気持ちよく流れていれば、体内に「気」の滞りができないのです。

こうして導引術は、私たちの体を本来の、自然の状態に戻してくれるわけです。

世界的なアーティスト、横尾忠則さんの「導引術のススメ」

世界的なアーティストである横尾忠則さんは、その著書『病の神様　横尾忠則の超・病気克服術』（文藝春秋刊）の中で、この導引術について「導引術のススメ」という項目を設けて、その体験をつづっています。

ご存知のように、横尾忠則さんは、一九六〇年代からグラフィックデザイナーとして活躍。それから画家に転向し、国際的にも高く評価されている美術家です。

「台湾で導引術を受け継がれた道家龍門派伝承第十三代の早島正雄氏の指導でぼ

くは初めて導引術なるものを習った。人にやってもらうのではなく、すべて自分の手で足の先から頭のてっぺんまで揉んだり叩いたり撫でたりしながら、呼吸とともに体に『気』のエネルギーを送るのである。」

そして「導引術を生活に取り入れることで実に多くのメリットがある。」と述べています。

この本はまた、「気のトレーニング」の一つである「洗心術」の魅力についても触れています。

横尾忠則さんは、かつて『講話洗心術』（早島正雄著、ＡＢＣ出版刊）の本の、装幀とイラストを特別に引き受けてくださったことがあります。そのジャケットは、伸びやかな心と体が宇宙で躍動していることをイメージさせる、横尾さんならではの、独特で、魅力溢れる作品です。

有害物質から身を守ることができる「気の導引術」

今、日本では放射性物質が人体に与える影響が心配されています。また、いろいろな種類の菌の感染が報道されて、どれが危ないとか、どれが今流行《はや》っているとか言われていますが、「気の健康法」からみれば、いずれも同じことです。

もちろん凶悪な毒素を出すものもあるでしょうし、それほどでないものもありますが、まず自分の身体を常日頃からきれいにしておくことが肝心なのです。それは体内に毒をためない生き方です。

この「気の導引術」は、まず、フーッと息を吐くことから始まります。息を吸うことから始まるヨガとは逆です。

まず息を吐くことによって体内の毒素を出し、そうして新しい新鮮な空気が体内にはいる余地をつくるのです。

スポンジで水を吸わせる場合を考えてみてください。汚れた泥水をたくさん吸ったスポンジを、どんなにきれいな水に浮かせても、なかなかきれいになりません。まずスポンジが吸った泥水をしぼって出すことが大事なのです。出すことによって、きれいな水を吸い込むことができるのです。

人間の呼吸についても、これと同じことが言えるのです。

男の子の冷えは「気」の流れの滞り

健康について、最も多い相談事の一つが「冷えの悩み」です。

次に紹介するのは、落ち着きがない子供の原因が、じつは冷えにあった、というケースです。

小学三年生の男の子がいるお母さんのHさんが、その子を連れて、

「この子は何をやっても、なかなか物事に集中できないので、心配です。以前授業参観があったときも、きょろきょろして、私の方を向いてピースマークをしたり、隣の席の友達にちょっかいを出したりして、とにかく授業に集中しないのです。こんなことで大丈夫でしょうか？」

と不安そうな面持ちで、相談にやってきました。私はその子を見て、

「とても素直で良い子供さんだけれど、体が弱いわね。しょっちゅうお手洗いに行くことなどありませんか？」

とHさんに尋ねたところ、

「はい。あります。男の子なのに、しょっちゅうトイレ、トイレって。外に出かけても、とてもトイレが近いんじゃないかしら。」という返事でした。

このお子さんは、顔色からしても腎気が弱っていました。そして冷えていました。そこで私は、

「男の子の冷えは、今からしっかり取ってあげないと、女の子の冷えより重症ですよ。」と告げたのです。

女の子は体のしくみからして、男の子より、冷えやすいようにできています。穴が一つ多いのですから、そこからフーッと冷えが入りやすいのです。ですから膀胱炎などは、女の子のほうが多いのです。

それが男の子で、お手洗いが近いのだったら、お母さんといっしょに、「気のトレーニング」をする必要があるのです。

このように、子供に落ち着きがないという場合、その原因はじつは冷えにあり、そして「気」の流れに問題があるために、その冷えの症状が現れていることが少なくないのです。

つまり、こうしたお子さんは、体内の「気」の流れが滞っていて、その滞りと

邪気のせいで、体が冷えてしまい、そのため、どうも落ち着かないのです。

そういう場合は、導引術をしっかり習って、家で毎晩するようにして、体内の「気」の流れを良くして、邪気を追い出すようにすれば、冷えも良くなり、落ち着きも出てきます。

「気」の流れが良くなれば、飲みすぎないようになる

日本酒、ワイン、ビール、ウィスキー、紹興酒など、アルコール類には、みな独特の、得がたい味わいがあります。健康によい薬用酒もあります。

アルコールは、飲む人の気分を良くしますから、食欲を増進させ、リラックス効果があるので、毎日、晩酌を欠かさないという方も少なくないことでしょう。

しかし、ついついアルコールを飲みすぎてしまい、その都度、反省する人も少なくないようです。

アルコールから離れられないアルコール依存症に苦しむ患者は、日本では約二三〇万人、予備軍の人を含めると四四〇万人と言われ、大きな社会問題になっ

ています。

おいしいからとか、付き合いだからといって、体力に任せて、若い時に飲みすぎると、一生分を先に飲んでしまうので、年をとってから肝臓が悪くなったりして、飲めなくなります。

そのようにアルコールを飲みすぎないようにする特効薬とも言えるのが、じつは、「気の導引術」なのです。

それはどういうことかというと、導引術の行法を行うことによって、「気」の流れが良くなり、血の循環が良くなりますから、少しの量でも気持ちよくなり、ある程度以上は飲みたくなくなってしまうからです。

導引術を始めると、いわゆる酒豪だった人も、それまでの半分くらいで体に回ってしまうので、酒量が半分くらいに落ちるのです。

また、導引術を行うことによって、体が健康になりますから、それまでまったく飲めなかった人は、逆に飲めるようになるものです。

それはともかく、飲み過ぎは、百害あって一利なしです。また、後に詳しく説明しますが、食べ過ぎも良くありません。

ただし、「気のトレーニング」を行っている人の場合は、何を飲んだり食べたらいいといった決まりごとや、何かを飲んだり食べてしてはいけない、といった縛りは特にないのです。

そうしたことを気にするより、まずは体を健康にすることが肝心です。「気のトレーニング」を毎日きちんと行っていれば、その時、飲みたいもの、食べたいものが、体にとって必要なものというふうになるのです。

そして大切なことは、規則正しい生活を送ることです。体がそのリズムに乗っていると、「元気」に過ごせます。

そして朝の「陽気」をしっかり体に入れることです。ですから、あなたが現在、朝寝坊や二日酔いなどをする生活をしているならば、すっかり朝型に切り替えて、そして飲食を節度良くして、体の「気のパワー」を高めることが大切なのです。

「足の指の行法」で全身に「気」がめぐる

「気のトレーニング」の導引術の中でも、皆さんがとくに「無理なくできて、効果が大きい」と感心しているのが、「足の指の行法」（足揉み）です。（巻末で紹介します。）

足の先には全身につながるたくさんのツボがあり、この「足の指の行法」は、そのツボを刺激して、全身の「気」の巡りを良くし、内臓に「気」を巡らせるので、導引術の基本です。

体が弱い方でも、また体から精神的にも弱ってきている人にも、即効性があります。

体調を壊し、またストレスのために、ほぼ二週間会社を休んでいた三二歳の女性のGさんは、足揉みによって回復した体験を、私に報告してくれました。

「さっそく習った足揉みをしたところ、その日は、お手洗いにも何度も行って、便秘もすっきり解消して、本当に久しぶりにゆっくり熟睡ができました。そして翌日早めに眼がさめて、カーテンをあけたら、金色の太陽が昇ったところで、その澄み切った輝きが、スーッと部屋に入ってきたのです。

ああ、もう二週間もこんな太陽を見ることなんてなく、下ばかり見て過ごしていたのだな、と気づきました。

こんなふうになる前は、夜中まで仕事をすることも多く、睡眠時間も短くなって、自然とかけはなれた、ずいぶん不自然な生活になっていたのだと思います。」

Gさんは「足の指の行法」で全身に「気」が巡り、心も自然になったのです。そして本来の自分に戻ったのでした。

Gさんは、さわやかな表情を浮かべ、明るい口調で話しました。

「足揉みのおかげで、朝の輝く太陽を拝むことができました。そして二週間ぶりに出社する元気も湧いてきたのです。本当にありがとうございました。」

私は、こう語りました。

「そうですね。『気』の流れが自然になれば、考え方も自然に戻ります。それは、新たに自然な状態をつくるのでなく、不自然さから解放されて、元の無為自然な状態に戻るわけなのです。病気になる時と違って、ふつう、良くなる時は良くなるぞという知らせも、良くなったという意識すらないことが多いのです。いつのまにか元に戻って元気になっている、ということなのです。」

「日本の宇宙開発の父」糸川英夫博士も導引術を実践

最近は聖路加国際病院名誉院長の日野原重明さん（一九一一〜）、美術家の篠田桃紅さん（一九一三〜）のお二人がとくに、生涯現役、健康長寿、そして前向きな生き方のシンボルとして、尊敬を集めています。

お二人のように、いつまでも若々しく、そして柔軟で独創的な発想をし、多趣味で、元気に「健康長寿」の生涯を送った人物として知られるのが、組織工学研究所所長だった糸川英夫博士（一九一二〜一九九九）です。

糸川氏は「日本の宇宙開発の父」「日本のロケット開発の父」と呼ばれています。また『逆転の発想』というベストセラーのシリーズを世に送りました。

六〇歳の時にバレエを始めたり、七三歳で占星術の本を書いたり、八一歳で「万葉集」の秘密を明かした本を著すなど、精力的な「生涯現役」を貫きました。

糸川氏は自著で、足揉みを含む導引術を実践して、大きな効果があがっていることを述べています。

いでしまう。

「(導引術で)このほかに、わたしがやっていることがある。それは、タクシーに乗っていて、交通渋滞で時間がかかると思ったときの指もみである。タクシーの後ろ側で靴を脱いで、片一方のひざをもう一つのひざの上に乗せて、靴下も脱いでしまう。

こうして親指から小指まで足の指を丹念にもみこむ。つまり、人間の体の中で、足の指というのは心臓からいちばん遠いところにあるので、血液の流れがいちばん悪くなる。ここで血液の流れが渋滞すると、全身の流れが止まるから血液が上がって、脳で脳血栓を起こし出血を起こすようになるのである。」

さらにまた、次のように述べています。

「わたしは、朝やる時間がないのでタクシーの中とか新幹線の中で、人が見ていなければ靴を脱いでやる。靴下の上からやってもいいが、じかにさわるほうが体温がそのまま伝わるし、血液の循環がよくなると思う。

これをやると、本当に気持ちもリラックスしてきて、タクシーが渋滞してイライラしてくるのも解消できるし、その間に健康法が一つできる。」

糸川氏は導引術の本が出ていることを記し、また「導引術の教室があちこちで

開かれているので、そこに行くのも一工夫であろう」とも述べています。(『独創力』、光文社刊)

独特の豊かな発想の持ち主として有名な糸川英夫博士は、このように、導引術の「足の指の行法」を生活の中に取り入れて、見事な「健康長寿」の生涯を送ったのです。

「按腹」をすれば、食べて美しくなる

私たちは食事をすることで、毎日生活するエネルギーを補って生きています。私たちは、天より、そして父母より、「先天的な気」を受け、そしてまた食物などから「後天的な気」を摂り、この二大エネルギーのおかげで人生を送っているのです。この食物などから得る「気」は「水穀の気」とも呼ばれています。

ですから、食事によってエネルギーを得ることは、生き生きとした毎日を過ごす上で不可欠であることは言うまでもありません。とはいえ、美味《おい》しいものが多くて、つい食べ過ぎてしまう、そんな声がよく聞かれます。

その食べ過ぎで気になるのが肥満です。

建設会社勤務の、三五歳の女性のGさんが質問をしてきました。

「先生、私はよく口内炎ができるのです。実は今もできていて、痛くて食事がしにくいのですが、体のどこかが悪いのでしょうか？」と、心配そうなGさんです。

「それは食べ過ぎですね。」と私が告げると、

「え？　食べ過ぎなのですか。」と、意外そうに、声をあげたGさんでした。

「そうです。食べ過ぎて胃腸が弱ってくると、口内炎ができやすいのです。」

と私は述べました、すると、

「そういえば先週、人事異動があって、新しい課で歓迎会が開かれ、つい食べ過ぎました。それに大学を卒業して以来、ずっとOGで参加している合唱のサークルで、学園祭の準備の打合わせに呼ばれ、なにしろ相手は大学生ですから、食べ盛り飲み盛りで、私も調子にのって、そこでも食べ過ぎました。」とGさん。

「そうでしょう。ですから、食べ過ぎをやめて、ていねいに按腹《あんぷく》をすることですね。そして食前食後に胃腸の摩擦をするようにしましょう。すると消化がとても良くなり、胃腸が正常に戻ります。そうすれば自然に口内炎も治るでしょう。」

このように私は、按腹の大切さを語りました。（按腹については後述します。また巻末に図解で解説します。）

「そうですか。ありがとうございます。それでは食事は、消化の良いおかゆなどにした方が良いでしょうか？」

とGさんが尋ねました。

「そうですね。たまに食べ過ぎた時などは、食事を一回か二回軽くするだけで、良くなるものです。そんな時に、おかゆはとても良いですね。でも、外で食事の時などは、よく噛んで食べれば、口の中で唾液とまざって、健康的なおかゆ状態になります。そしてまた、一食抜くことも良いですね。ただそれだけで、働き続けていた胃腸が休まります。」と私は述べました。

胃腸は食べたものを消化して、食物から良い「気」をいただいて、人間が健康に生きるために働かせる大切なところです。

日頃しっかり導引術をしていれば、「気」の巡りがよくなり、胃腸が若返って、元気な胃腸になるのです。

「気のトレーニング」は、健康的で安全なダイエット

何度もダイエットに失敗したという、ＩＴ（情報技術）企業に勤める四五歳の女性のＭさんが、相談にやってきました。

「私は若い頃は、たくさん食べても太らなかったので、それを良いことに、けっこうたくさん食べていました。食べても太らないから、やせの大食いなんて言われていましたが、三〇歳越えたあたりから、食べれば太るようになりました。これはまずい、と思っていたら、出産後の不調も治りにくくなり、なんだか体調が悪くなり、元気もなくなりました。四〇歳すぎてからは、あまり食べていないと思っても、なぜかやせないのです。

いろいろなダイエットを試しましたが、その時だけ我慢するので、かならずリバウンドがあって、かえって腰痛まで始まって、ここ数年は膝まで痛くなり、体調はダイエットする前よりずっと悪くなって、もうどうしようかと思っていた時に、先生が書かれた『タオのひけつ』（学研刊）の本を読ませていただいて、こ

れは本物だ、行ってみよう、そう思って、ここに参らせていただきました。」

とMさんは、一気に話します。

そこで私は、こう解説をしました。

「そうですか。若い頃は内臓が健康だったので、たくさん食べても太らなかったのですね。ところが日頃の食べ過ぎと、また年齢とともに気が衰えたことで、内臓がだんだん老化して、食べた分だけ吸収し、また排泄できなくなったのです。

健康な内臓は、食事をしても、空気を吸っても、水を飲んでも、必要なものを体内に吸収し、いらないものはすっきりと排泄できます。ですから、体内に邪気がたまらず、水も食物も必要なだけ吸収されて、あとはすっきり排泄しますから、余分な脂肪がつくことも、メタボリック症候群になることもないのです。」

そして私は、「気のトレーニング」を行うと、内臓を健康にし、体内の邪気を排出しますから、Mさんが苦しんだリバウンドが起きなくなるということを説明しました。

続けて、無為自然な心と体に関して、こう語りました。

「健康な胃腸であれば、お腹がいっぱいになって、それ以上食べようと思っても入りません。また無理をして食べると、気持ちが悪くなってしまいます。それが無為自然な体ですね。そういう体になれば、自然に食べ過ぎはなくなります。

赤ちゃんがそうでしょう。ミルクを一口でも飲みすぎると、あとでゲップととともに吐き出します。それほど、健康な胃腸というのは、余分なものを受け付けないものなのです。」

「なるほど、おっしゃる通りですね。」とMさんは大きくうなずきました。

「そうです。胃腸だけでなく、心も体も赤ん坊のように『無為自然』になれば、食べ過ぎもなくなり、またイライラして食べるなんてこともなくなるのです。」

私はそう述べました。赤ん坊は「無為自然」を体現している存在です。そのように心と体を解放していくということが、なによりも大切なのです。

「気のトレーニング」で満腹がわかる体になる

「気」に溢れて生まれてきた赤ん坊は、無為自然な食の摂り方をしていますが、大人になると、二足歩行のため胃腸が下垂してくるうえ、欲望を抑えきれずに食べ過ぎを続けたりします。

すると、だんだん胃腸の活力がなくなり、腹一杯の感覚がわからなくなってしまいます。こうなってしまうと、あきれるほどの「どか食い」をするような事態にもなってしまうのです。

とはいえ、もしそうなっていても、しっかり「気のトレーニング」をすれば、胃腸に「気」の活力が戻り、満腹がわかるようになりますから、食べ過ぎをしなくなります。

「気のトレーニング」を続けていれば、排泄力のある、「気」のある胃腸になりますから、食べるものに心配せずに、「気」が充実した旬《しゅん》のものを楽しく、そして自分の体にとって、最も適正な量を、自然と食べることができるようになるのです。

また胃腸の働きには、感情の影響が大きく作用するものです。ですから、つねに人生を楽しく前向きに生きている人ならば、たくさん食べることによって、ストレスを発散するようなこともなくなります。また、精神的な悩みで食べられないといったこともなくなります。

こういったわけで、「気のトレーニング」を始めた方は、皆、自然と食事の量が適正になったという体験を話すようになるのです。

素肌美人になれる「按腹の行法」

肌のトラブルに悩んで、相談にやってきたのは、金融関係の会社で働く二八歳の女性のWさんです。

「先生、私はよく肌荒れがするのです。食べ物で湿疹が出たりします。特に決まったアレルギーはないのですが、古い魚なんかの時は、テキメンに顔や体にも出たりします。そして吹き出物ができている場所以外は、肌がかさかさで、キメも粗くて、とっても悩んでいます。」

このような、肌のトラブルの悩みを抱える人は少なくありません。

私はWさんに告げました。

「それは腸を整えるといいのです。そうすれば、キレイになりますよ。大丈夫。便秘、下痢などはないですか？」

「はい、よくあります。ちょっと忙しくて朝、お手洗いに行けなかったり、何かでちょっと出なかったりすると、それが三日四日と続いたりします。」

とWさん。そこで私は、こう語りました。

「それは良くないですね。便秘は肌荒れの最も大きな原因です。なにしろ出るべきカスが腸に残っていて、体温で暖められたまま、あるわけですから、汚いですね。肌の状態は、腸の状態が最もよく表われると言われます。ぜひ腸内環境を良くして、肌をキレイにしましょう。素肌美人になるには、内臓美人になることです。それには按腹をもっと丁寧にすることですね。」

このように、便秘を解消するには按腹をすることが大切だと説明したのです。

「そして食事のときに水分を摂り、よく噛んで食事をすることです。これで消化吸収が良くなりますから、毎日食べたものは、すっきりと排泄されて、便秘や下痢もなくなるでしょう。」

「そうですか。按腹のことは聞いていましたが、そんなに大切な行だったなんて、知りませんでした。これからは、ちゃんと丁寧に按腹をします。」

とWさんは、お腹に手を当てながら話しました。

「簡単ですけれど、すごいのですね」と多くの人から言われているのが、この按腹の行法なのです。この行法は巻末で紹介します。

「気」で若々しい美肌になる

「山登りの頃の日焼けの影響か、だんだん顔に目立ち始めたシミのことで伺いたいのです。」

と、音楽関係の仕事をしている、四一歳の女性のAさんが相談に現れました。

「早島先生のお肌は、本当にキレイですね。そして道学院の皆さんは、本当に肌がつやつやで、シミもないのですが、何か特別な方法があるのでしょうか？　こっそり何か特別な化粧水をつけているのでしょうか？」

とAさんは真顔で尋ねます。

「とくに特別なものは何もありませんよ。毎日の導引術をしっかり続けると、体の新陳代謝が良くなって、必要な水分や油分は肌そのものが補ってくれるので、肌も見違えるほど若返ります。そして動功術で動きも正常になり、自然体で動けるようになりますし、ホルモンの巡りも非常に良くなるので、いつまでも若々しい肌でいられるのです。」

と私は答えました。そして続けて、

「毎日の導引術で便秘がなくなりますから、まずそれが若々しいキレイな肌を保つために、最も大切なポイントでしょうね。

考えてもごらんなさい。便秘があるということは、今日食べて、翌日には排泄すべき食物のカスや老廃物が、体内に残ったまま、腸にあるということです。

それが一日残っているだけだっていやですが、何日も外に出せずに体内にあったら、その邪気が体に悪影響を及ぼさないはずはありません。便秘は美肌の大敵であるばかりでなく、万病の元にもなりかねません。しっかり『気のトレーニング』をして、便秘のない、さわやかな生活を取り戻しましょう。」

と語りました。

人間の体も常に新陳代謝しています。たとえば肌は毎日少しずつ変化して、二八日ですっかり入れ替わるのだそうです。肌が生まれ変わるのですから、過去にできたシミを、薄くすることも、消すこともできるわけなのです。

まずは便秘をしないように、日々の導引術をしっかりして、食事は毎日おいしく食べ、ダイエットのために、極端に偏った食事などにしないことです。そして「足るを知る」ことをわきまえ、食べ過ぎをしないことです。

加えて大切なのは、毎日を楽しく過すことです。精神的なストレスがあると、体のバランスが崩れて、「気」の流れが悪くなります。肌は「気」の状態をそのまま反映しますから、心も体も元気なら、お肌も元気というわけなのです。

酒風呂の「気」のエネルギーで若返ろう

このことを説明した私に、

「よくわかりました。ありがとうございます。他にも何か、若々しい肌になるための秘訣ってありますか？」

とAさんがさらに質問をしてきたので、次のように酒風呂を推薦しました。酒風呂には卓効があり、私のもとには、たくさんのうれしい体験談が長年にわたって、寄せられているのです。

「ええ、ありますよ。道学院で指導している導引術は、どれも『気』の流れがよくなるので若返ります。

そしてまた、酒風呂がいいのです。酒風呂に入っていると体の芯から暖まり、体の老廃物が毛穴から出て、肌がキレイになって、暖まるだけでなく、足腰、膝の痛みなどにも効果があります。四十肩、五十肩などにも非常に効果的ですよ。毎日はいっているうちに、すぐ十歳くらい若く見られるようになります。」

Aさんは驚いた表情で、

「え〜、そんなに変わりますか？　たまに主人が日本酒を飲んだときに、残りをお風呂に入れたりしていましたが、主人は酒好きなので、なかなか残さないのです。そこで酒風呂も実践できないままでした。」

と言うので、私はこう語りました。

「皆さん、体調管理のためにサプリメントを買ったり、美肌のために高い化粧品を買ったりするでしょう。そのことを考えたら酒風呂は、風呂に入って体も芯から温まり、その上、元気に若返り、色白の美肌を手に入れることが出来るのです。

しかも家族で入れますから、家族中、美容健康液のお風呂に入っているようなものです。そして内臓も健康になるのですから、こんな安い方法はないですよね。酒風呂だけでシミが薄くなった、と感激された人もいます。」

この酒風呂健康法は、湯船のなかに五合ほどの日本酒を入れて入浴する方法です。入浴時間は無理をせず、体が温まったと感じるまでで結構です。

酒の持っている「気」のエネルギーによって、「気血」の流れが活発になり、体が芯から温まります。すると体がぽかぽかして、寝つきがよくなり、また目覚めがさわやかで、朝からすっきりと楽しい気分になれるのです。

日本酒のエキスをパウダーにした、手軽に酒風呂健康法が楽しめる、酒風呂入浴剤（崑崙の湯）も販売されています。

導引術で生き方にも余裕が出てくる

「気のトレーニング」、とくに導引術による夫の変わりようを見て、「こんなに若返るなら、私も始めたい」と思い、「気のトレーニング」を始めた夫人がいます。

そのご夫妻が揃って挨拶にやってきました。ご主人のKさんは六三歳、奥様の

Mさんは五七歳です。

「早島先生、はじめまして。夫がたいへん御世話様になりまして、ありがとうございます。おかげさまで、以前は家庭も顧みない仕事人間で、いつもイライラしていた夫が、このところ急に、なにか生き方に余裕が出てきましたし、何よりも元気になりました。年々ひどくなっていた加齢臭もだいぶ取れてきまして、家族みんなで本当に感謝しております。」とMさんは、にこやかに語ります。

Mさんによると、同居している娘のYさんは、「お父さんは臭いから、いやだ。」と、もう三年くらい前から口に出していたのだそうですが、本人は、

「そうか、知らなかったな。でも、そうかもしれない。自分でも脱いだシャツや靴下が臭くて、出張から帰ると旅行カバンが臭かったくらいだからな。」

と、照れ臭そうに言います。

この加齢臭というのは、実は体の内臓が年とともに老化して、再生できなくなった邪気の臭いなのです。ところが導引術を一生懸命に行うと、内臓が若返り、その臭いがなくなります。体臭というのは、本人は気づかないことが多く、まわりの人には大迷惑なのです。

「気のトレーニング」を続ければ、六〇歳は「元気盛り」

Mさんは小さくうなずきながら、

「その通りです。本当に主人のベッドのシーツなんか、もう臭くて、臭くて、最近は寝室を分けていたくらいですから。それに夫は、ここ二年くらい、ひどく怒りっぽくなって、家でも笑顔を見ることもあまりなかったのです。それが先生、昨年の秋から急に別人のように、なんだか一生懸命、朝と夜、導引術を始めるようになって、そうしたら肌も若返って、朝も機嫌よく目覚めてくれるようになりました。

以前は朝、いつも機嫌が悪いので、娘も話しかけないようにし、持ち物には触らないようにしていたくらいでしたから。あまりの激変ぶりに、話を聞いたら、『気のトレーニング』をしているからだ、と話をしてくれました。本当にありがとうございました。」

と感謝の言葉を口にします。そして、こんな話をしてくれました。

「最近うちの隣に引っ越ししてこられた奥さんから、「お宅はご主人が年下でいいわね～。幸せね。」って、言われたのです。私のほうが六つも年下なのに！それで俄然やる気になったのです。」

「そうでしたか。大丈夫です。一生懸命やれば、みるみる若返りますよ。五十代後半は、導引術をして一番変化がよく目にみえる時期です。Mさんは、比較的健康だけれど、体が硬く、肩凝りもあるでしょう？」と私が尋ねると、

「はい。その通りです。今日、動功術をしたら、かちかちだった肩が本当に久々に楽になりました。本当に不思議ですね。」

とMさんは生き生きとした表情で言います。そこで私はご夫妻に向かって、次のことを述べました。

これから高齢化社会が一層進むといわれていますが、「気のトレーニング」を行なうタオイストならば、なにも心配いりません。心と体が健康で、充実して楽しく生きるために、タオイズムでは、生き方、方法がすべて研究されています。

タオイストは六〇歳でやっと一人前の充実した体に完成すると教えられています。ですから、六〇歳は元気盛りということなのです。

「気のトレーニング」を続けてゆけば、これからも元気で楽しく、豊かな、充実した人生を、生涯現役で、生き生きと過ごすことができるのです。

「気のトレーニング」は無理のない楽しい修行

これまで述べてまいりましたように、タオイズムの、無為自然の生き方を理解する方法、それは「気のトレーニング」をすることなのです。それによって、体で天地自然の法則を学ぶことができるのです。ですから、それは身体を通して哲学を実践することでもあるのです。

とはいえ、この「気のトレーニング」は複雑なものではなく、困難なものでもありません。肉体の限界に挑戦するものではなく、滝に打たれるものでもなく、また断食をするものでもありません。

それは、毎日を楽しく過ごしていくことで、修行が進むものなのです。

夜は、そろそろ眠りたい時に、寝るのを我慢して、一日の疲れを取り去り、体内の「気」の流れを正常にするために、導引術をしましょう。すると、翌日のパワーを滞りなく出せるようになります。

朝は、もうちょっと寝ていたいという時に起きて、どんなに忙しくても必ず導引術をしましょう。すると、夜同じ姿勢で寝ていたことによる、「気」の滞りを取り去り、そして体の「気」を充実させて出勤することができるのです。

また夜、外出するような場合は、ちょっと時間があったら、家に戻って導引術をしてから出かけるといった工夫をして、体を「陽気」に保つようにしましょう。

このように、無理なく楽しい修行をしながら、「気」が磨けてゆく。これが「気のトレーニング」の特色なのです。

導引術は、病気知らずの楽しい人生を約束する

導引術は、生命の根源である「気」の働きによって心身の活性化をはかり、不老長生を実現する修練の体系です。

ですから、導引術を続ければ、いつまでも若々しさを保ち、死ぬまで病気知らずで、楽しい人生を送ることができるのです。

次に紹介する「足の指の行法」、「手の指の行法」は素晴らしい導引術です。他にもたくさん良い行法はありますが、まずはそれをやってみると良いのです。

解説文のように、手と足の指を、一本一本、丁寧にもみほぐしていくと、肺に吸い込まれた「気」を、手足の先まで十分に流すことができますから、「気血」の流れが活発になり、体が健康になるのです。

こうした「気のトレーニング」の実践を始めたその時から、「運気」がぐんぐん「気のパワー」によって動き出します。そして幸運に向かって、力強く進んでいくのです。

トレーニングを積んでいくにつれ、「気」を自在にコントロールできるようになっていきます。そして周りの人たちに、溢れるばかりの「気のパワー」を発散するようになっていくのです。

ぜひあなたも「気」の超パワーを活用して、明るい人生の扉を開いてください。

そこには、元気で、陽気で、気力がみなぎる、光り輝くばかりの、素晴らしいあなたの姿があるのです。

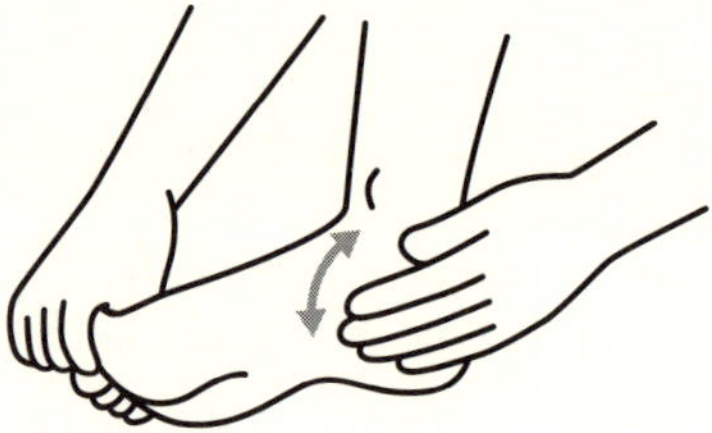

④手のひらで、くるぶしの
下から足の裏にかけて
摩擦する。

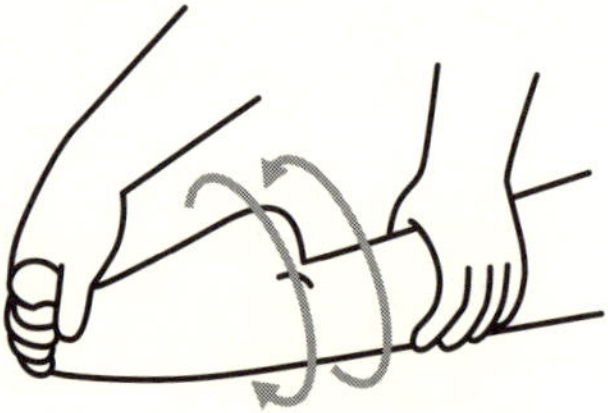

⑤足には経絡が集中して
いるので、この行法は
内臓に刺激を与え、
全身の気血の流れを
活発にする。

【足の指の行法】

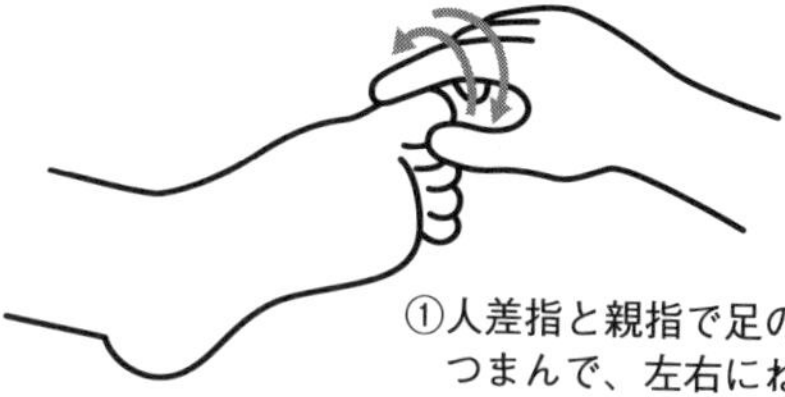

①人差指と親指で足の指をつまんで、左右にねじる。第一指から第五指まで30回ずつ。

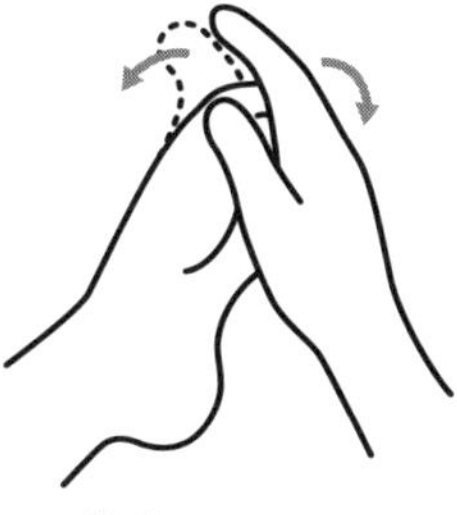

②手のひらで、足の指を前後に曲げる。

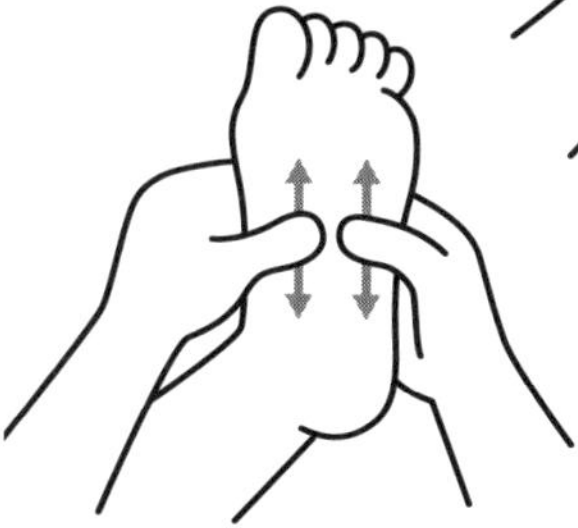

③足の土踏まずの部分を、両手の指でまんべんなく指圧する。

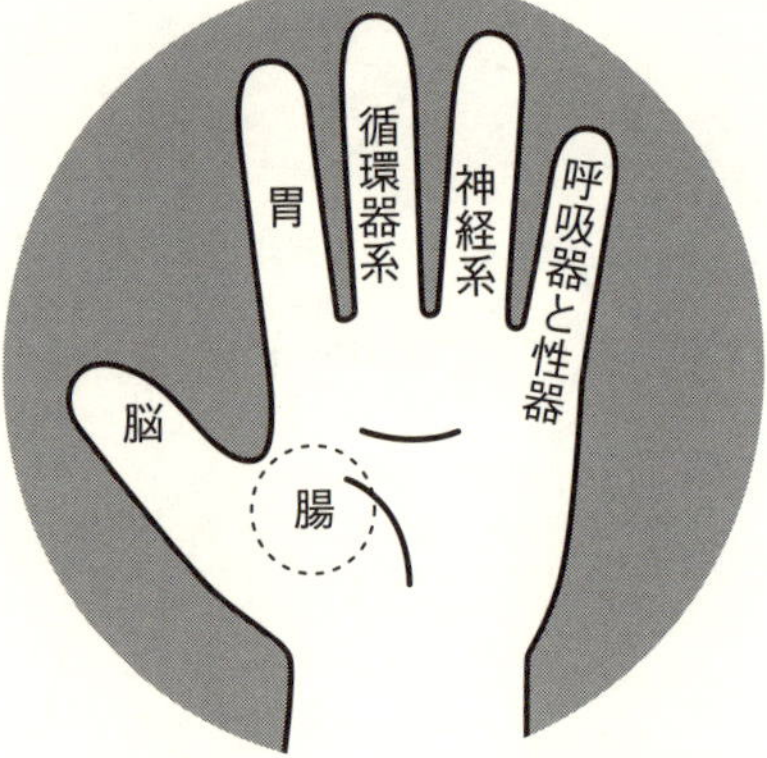

③足と同様、手にもさまざまな経絡があるので、この行法は、全身に刺激を伝え、体の回復をうながす。

【手の指の行法】

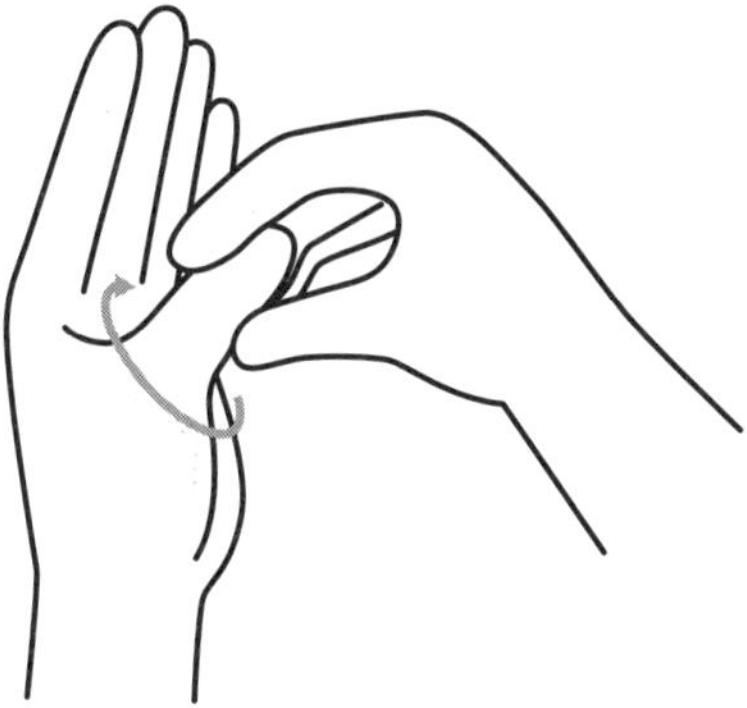

①人差指と親指で反対の手の指をつまみ、左右にねじりながら、先端から根元にかけて移動させていく。

②左右交代に一本一本、それぞれ 30 回ずつねじる。

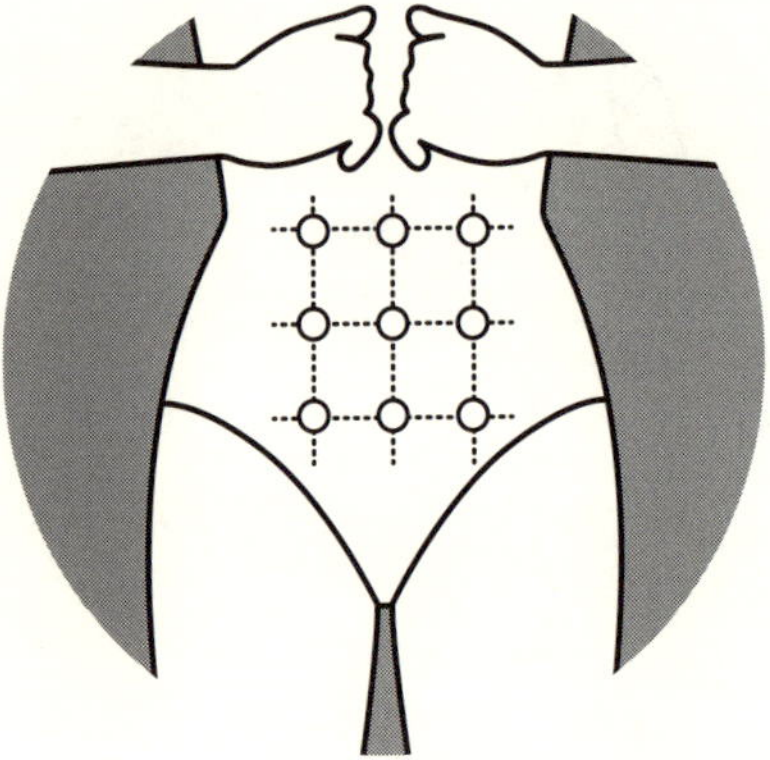

③両手の指先を揃えて立て、お腹全体を縦、横をそれぞれ三等分にするように、下から上へと順に押さえていく。押さえた後、指を離すときに静かに息を吐き出すようにする。

注意

内臓の手術をされた方は、決して行わないでください。

【按腹の行法】

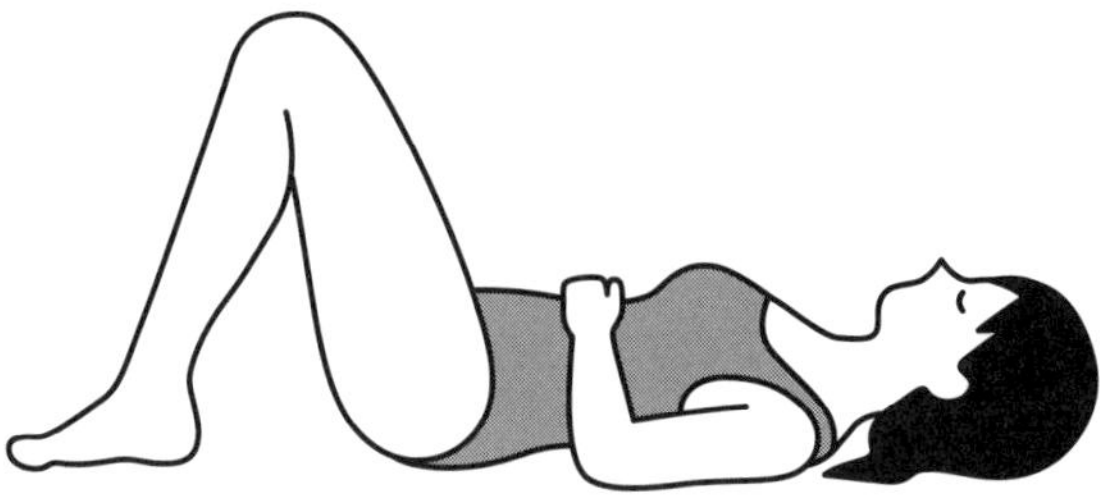

①仰向けに寝て、両膝を立てる（腹部の衣服をとっておく）。
②手のひらを腹部に当て、全体を 20 ～ 30 回、時計回りの方向になでる。

福岡〈道〉学院	〒812-0011 福岡県福岡市博多区博多駅前 3-18-28 福岡Zビル3F ☎092-461-0038 http://fukuoka-dokan.jp/
鹿児島〈道〉学院	〒892-0848　鹿児島県鹿児島市平之町9-33 牧野ビル4階 ☎099-239-9292 http://kagoshima-dokan.jp/
英彦山道場	〒838-1601 福岡県朝倉郡東峰村大字 小石原字上原1360番地4 ☎0946-74-2580
TAO ACADEMY International北京	北京市朝阳区东四环中路41号 嘉泰国际大厦 A 座2023 室, 2024 室 ☎010-8571-1893
TAO ACADEMY International	Cosmo-Sangubashi-Bldg. 2F 4-1-5 Yoyogi, Shibuya-ku, Tokyo 151-0053 http://www.nihondokan.co.jp/english/ ☎03-3370-7601

道家〈道〉学院
http://dougakuin.jp/

道家〈道〉学院／TAO ACADEMY　一覧	
道家〈道〉学院 総本部	〒971-8183 福島県いわき市泉町下川 ☎0246-56-1444
本校 東京〈道〉学院	〒151-0053 東京都渋谷区代々木4-1-5 コスモ参宮橋ビル2・3・4F（受付2F） ☎03-3370-7701 http://dougakuin.jp/ 道家道学院事務局 ☎0120-64-6140（老子無為自然）
札幌〈道〉学院	〒060-0061 北海道札幌市中央区南1条西 11丁目1番地 コンチネンタルWEST.Nビル2F ☎011-252-2064 http://sapporo-dokan.jp/
仙台〈道〉学院	〒980-0021 宮城県仙台市青葉区中央 2-11-22 第5太田ビル2F ☎022-217-6455 http://sendai-dokan.jp/
いわき〈道〉学院	〒971-8183 福島県いわき市泉町下川 道家〈道〉学院総本部内 ☎0246-56-1400 http://iwaki-dokan.jp/
埼玉〈道〉学院	〒330-0062 埼玉県さいたま市浦和区仲町 2-10-15 LAPUTA V 5F ☎048-827-3888 http://saitama-dokan.jp/
関西本校 大阪〈道〉学院	〒530-0051 大阪府大阪市北区太融寺町8-8 日進ビル4F ☎06-6361-0054 http://osaka-dokan.jp/

幸運《こううん》を呼《よ》ぶ「気《き》」の超《ちょう》パワー

2016年7月20日　第1刷発行
2020年4月20日　第2刷発行

著　者
早島妙瑞《はやしまみょうずい》
発行者
吉田芳史
印刷所
株式会社 暁印刷
製本所
株式会社 暁印刷
発行所
株式会社日本文芸社
〒135-0001　東京都江東区毛利2-10-18 OCMビル
TEL 03-5638-1660（代表）
URL https://www.nihonbungeisha.co.jp/

＊

ISBN978-4-537-06024-9
112160704-112200406 Ⓝ 02（480017）
編集担当・雲居

早島式即効ダイエット

体のバランスを整える「導引術」のすべて

早島正雄・著

定価：本体533円＋税

ISBN978-4-537-06346-2

ダイエット歴10年…
もう失敗しない！
リバウンドしない！
「気」を整えてキレイにやせる奥義満載！